BEI GRIN MACHT SICH IHR WISSEN BEZAHLT

AF167883

- Wir veröffentlichen Ihre Hausarbeit, Bachelor- und Masterarbeit

- Ihr eigenes eBook und Buch - weltweit in allen wichtigen Shops

- Verdienen Sie an jedem Verkauf

Jetzt bei www.GRIN.com hochladen und kostenlos publizieren

Martin Zithier

Client- und Servervirtualisierung in Bildungseinrichtungen

GRIN Verlag

Bibliografische Information der Deutschen Nationalbibliothek:

Die Deutsche Bibliothek verzeichnet diese Publikation in der Deutschen National-
bibliografie; detaillierte bibliografische Daten sind im Internet über http://dnb.d-
nb.de/ abrufbar.

Impressum:

Copyright © 2013 GRIN Verlag GmbH
Druck und Bindung: Books on Demand GmbH, Norderstedt Germany
ISBN: 978-3-656-83077-1

Dieses Buch bei GRIN:

http://www.grin.com/de/e-book/281212/client-und-servervirtualisierung-in-bildungs-
einrichtungen

GRIN - Your knowledge has value

Der GRIN Verlag publiziert seit 1998 wissenschaftliche Arbeiten von Studenten, Hochschullehrern und anderen Akademikern als eBook und gedrucktes Buch. Die Verlagswebsite www.grin.com ist die ideale Plattform zur Veröffentlichung von Hausarbeiten, Abschlussarbeiten, wissenschaftlichen Aufsätzen, Dissertationen und Fachbüchern.

Thema: Client- und Servervirtualisierung in Bildungseinrichtungen.

Bachelorarbeit

Im Studiengang Wirtschaftsinformatik
der Fakultät Wirtschaftsinformatik
und Angewandte Informatik
der Otto-Friedrich-Universität Bamberg

Verfasser: Martin Alfred Zithier

Inhaltsverzeichnis

1.   Problemstellung

Der IT-Ausstattungsgrad an Schulen erreicht jährlich neue Spitzenwerte. Alleine an bayerischen Schulen sind bereits über 320.000 Computer im Einsatz. Im Zusammenspiel mit immer komplexer werdenden System- und Anwendungsstrukturen stellt diese Entwicklung einen hohen Anspruch an die Systemadministratoren in den Bildungseinrichtungen (BAYERISCHES STAATSMINISTERIUMS FÜR UNTERRICHT UND KULTUS, BERATERKREIS FÜR SCHULRECHNER 2012, 11).

Mit immer komplexer werdenden Strukturen erhöhten sich auch der Administrationsbedarf und das nötige Wissen zur Betreuung schulischer IT-Ressourcen. Für viele Systembetreuern liegt der zeitliche Aufwand zur Wartung und fachlichen Weiterbildung weit über dem Umfang der bereitgestellten Anrechnungsstunden (BREITER 2001, 96).

In Anbetracht fehlender finanzieller Mittel der Länderhaushalte und den damit verbundenen Sparzwängen der Schulen stellt die fachliche und pädagogische Betreuung stetig wachsender Systemstrukturen zunehmend höher werdende Ansprüche an das schulische IT-Management (BREITER 2001, 7).

Eine mögliche Lösung zur Überwindung dieser Diskrepanz bieten Client- und Servervirtualisierungsansätze. Durch die Migration klassischer Client-/Server-Strukturen zu virtuellen Systemumgebungen ergeben sich Möglichkeiten, IT-Betriebskosten und Betreuungsaufwand zu reduzieren (LÜDEMANN 2011, 40).

Die Virtualisierung von IT-Ressourcen stellt auch für Schulen und Hochschulen einen interessanten Ansatzpunkt zur effizienten Bereitstellung komplexer werdender Systemumgebungen dar (BAYERISCHES STAATSMINISTERIUMS FÜR UNTERRICHT UND KULTUS, BERATERKREIS FÜR SCHULRECHNER 2012, 17). Ziel dieser Bachelorarbeit ist es zu untersuchen, inwieweit Client- und Servervirtualisierung dazu beitragen können, Kosten und Administrationsaufwand in Bildungseinrichtungen zu senken. Dabei stütze ich mich auf eingehende Literaturrecherchen und Methoden zur Kostenanalyse an einem praktischen Beispiel.

Zunächst werden begriffliche Grundlagen geklärt und auf historische und aktuelle Entwicklungen der IT-Virtualisierung eingegangen (Kapitel 2). Kapitel 3 verschafft einen Überblick über verschiedene Virtualisierungstechnologien und zugehörige Produkte. In den nächsten beiden Schritten wird einerseits dargestellt, welche Vorteile und

Chancen durch Client- und Servervirtualisierung geschaffen werden können (Kapitel 4), andererseits werden auch mögliche Nachteile und Risiken aufbereitet (Kapitel 5). In Kapitel 6 wird analysiert, inwieweit die Virtualisierungstechnologie dazu beitragen kann, zusätzliche Möglichkeiten im Einsatz an Schulen und Hochschulen zu schaffen. Darauf aufbauend wird in Kapitel 7 am praktischen Beispiel untersucht, ob die Virtualisierung von IT-Ressourcen im Didaktischen Forschungs- und Transferzentrums der Otto-Friedrich-Universität Bamberg erfolgversprechend durchführbar ist. Das letzte Kapitel fasst die Ergebnisse dieser Bachelorarbeit zusammen.

2. Virtualisierung in der Informations- und Telekommunikationstechnologie

Seit einigen Jahren wird die Virtualisierung von Hardwareressourcen als zukunftswei-sender Trend zum effizienten Betrieb von Rechenzentren diskutiert und eingesetzt (RUNGE, STURM, WIßKIRCHEN, EBEL, GROH, HÖLLER & MEWES 2009, 49). In diesem Kapitel möchte ich einen Einblick geben, was Virtualisierung im IT-Umfeld eigentlich bedeutet, wie sie umgesetzt wird und wo die Wurzeln dieser Technologie liegen.

2.1 Virtualisierungsbegriff

Virtualisierung findet im IT-Sektor eine Vielzahl von praktischen Lösungen und Varianten, sodass der Begriff zunächst sehr allgemein gefasst werden muss (FISCHER 2009, 83). Um diesen Terminus so treffend wie möglich und so abstrakt wie nötig zu analysieren, möchte ich auf die folgenden Definitionen zurückgreifen:

HÖLZLWIMMER (2010) definiert diesen Begriff sehr allgemein: „Die Informatik versteht unter diesem Begriff, dass mit Hilfe von Hard- und Software physisch nicht existente Systeme erzeugt werden." (HÖLZLWIMMER 2010, 223).

METZGER, REITZ & VILLAR (2011) beziehen sich in ihren Begriffserklärung hauptsächlich auf die Grundlagen von „as-a-service"-Paradigmen: „Mit Virtualisie-rung werden die Mittel bezeichnet, die es erlauben – vor allem in der Serverwelt – Ressourcen von Computern zusammen zu fassen bzw. aufzuteilen und Nutzern als Service zur Verfügung zu stellen." (METZGER, REITZ & VILLAR 2011, 15).

Im Gegensatz dazu fokussieren sich KOFLER & SPENNEBERG (2012) in ihrer Definition auf die Bereitstellung von Betriebssystemen: „Virtualisierung bedeutet, dass auf einem physikalischen Rechner mehrere Betriebssystem parallel installiert und ausgeführt werden. Die Betriebssysteme laufen in sogenannten »virtuellen Maschinen«." (KOFLER & SPENNEBERG 2012, 11).

Durch die Kombination dieser Begriffserklärungen lässt sich folgern, dass Ressourcen in Form von Hard- und/oder Software zunächst von ihrem physischen System entkoppelt werden und in einer neugeschaffenen Umgebung mit anderen Ressourcen parallel betrieben werden. Diese neue Form der Bereitstellung geschieht durch die Integration virtueller Maschinen auf einem gemeinsamen Host/Server.

Auf die unterschiedlichen Ausführungsformen werde ich in Kapitel 3 näher eingehen. Zunächst möchte ich klären, was virtuelle Maschinen sind und welcher technologische Ansatz sich hinter dieser Idee verbirgt.

2.2   Integration virtueller Maschinen

Eine virtuelle Maschine kann als nachgebildete Form eines physischen Rechners betrachtet werden. Im Unterschied zu vollwertigen PCs können mehrere virtuelle Maschinen unabhängig voneinander auf einem gemeinsamen physischen Hostsystem betrieben werden. Den so geschaffenen Gastsystemen werden Hardwareressourcen zu Verfügung gestellt, sodass sie sich wie vollwertige Rechner verhalten (AHNERT 2009, 24).

Die Integration virtueller Maschinen möchte ich anhand eines allgemeinen Modells (Abb. 1) verdeutlichen:

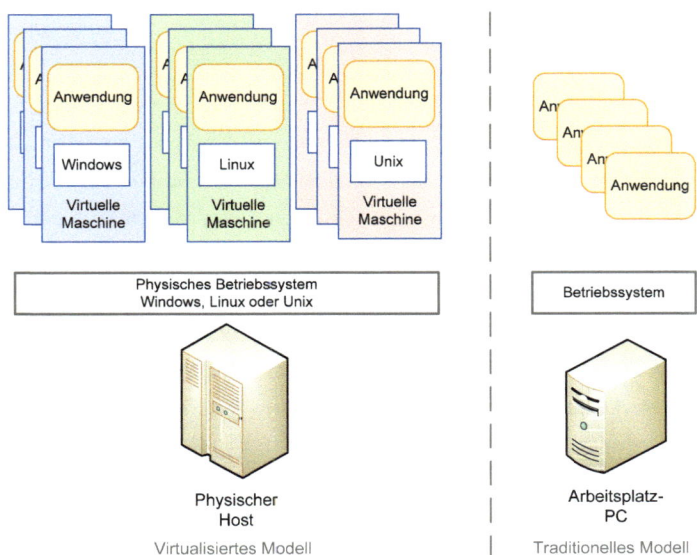

**Abb. 1:   Allgemeines Virtualisierungs-Modell
in Anlehnung an IBM Global Education (2007, 4)**

Auf der rechten Bildhälfte ist ein vollwertiger, „klassischer" Computer dargestellt. Auf diesem PC laufen ein Betriebssystem und die darauf installierten Anwendungen. Im Gegensatz dazu ist in der linken Hälfte ein Modell einer gehosteten Lösung zu sehen. Der Unterschied beider Varianten lässt sich folgend darstellen:

Während in der traditionellen Ausführung Betriebssystem und Anwendungen jeweils auf einem Rechner lokal installiert sind, befinden sich in der virtualisierten Ausführung mehrere virtuelle Maschinen auf einem gemeinsamen physischen Host-Rechner/Server. Die ursprünglich eigenständigen Betriebssystem- und Anwendungsumgebungen werden von ihrer physischen Hardware getrennt und teilen sich die abstrahierten Ressourcen des gemeinsamen Gastrechners. Die so entstandenen „virtuellen Rechner" laufen dadurch isoliert, ohne Einflüsse auf andere virtuelle Maschinen und losgelöst von der physischen Hardware als eigenständige Computer mit eigenem Betriebssystem und eigenen Anwendungen (IBM GLOBAL EDUCATION 2007, 3).

Somit ist es zum einen möglich, viele unterschiedliche Systemumgebungen parallel zu betreiben, zum anderen können bestehende Hardwareressourcen besser genutzt oder physisch nicht vorhandene Hardware in emulierter Form bereitgestellt werden (AHNERT 2009, 24).

2.3 Hypervisoren

Hypervisoren dienen dazu, den Gastsystemen Hardware zu Verfügung zu stellen. Der Hypervisor bildet hierfür eine Schicht zur Zuweisung und Koordination zwischen der Host-Hardware und den gehosteten virtuellen Maschinen. Dabei wird physisch vorhandene Hardware bereitgestellt bzw. virtuelle Ressourcenkonfigurationen emuliert (WÖHRMANN 2011, 17). Viele bekannte Anbieter setzen dabei auf drei verschiedene Varianten (RUNGE, STURM, WIßKIRCHEN, EBEL, GROH, HÖLLER & MEWES 2009, 61):

Bare Metal Hypervisoren (Abb. 2) werden auch als Hypervisoren des Typs I bezeichnet. Diese werden direkt auf der zugrundeliegenden Hardware installiert und stellen selbst eine Betriebssystemumgebung dar (BARRETT & KIPPER 2010, 10). Der direkte Hardwarezugriff ermöglicht eine hohe Geschwindigkeit und bessere Performance im Vergleich zu Hosted Hypervisoren (WÖHRMANN 2011, 17f.).

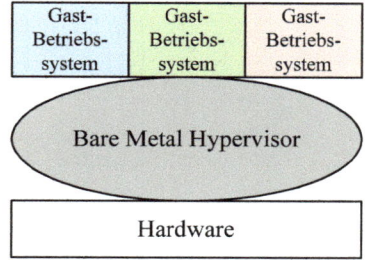

**Abb. 2:   Aufbau eines Bare Metal Hypervisors
           in Anlehnung an LARISCH (2009a, 1)**

Hosted Hypervisoren (oder auch Hypervisoren des Typs II, Abb. 3) werden als Anwendungen auf einem bereits installierten Betriebssystem auf dem Host betrieben (BARRETT & KIPPER 2010, 11). Da der Hypervisor in dieser Konstellation vollumfänglich auf das Trägerbetriebssystems zugreifen kann, ermöglicht diese Variante eine breite Treiberunterstützung. Allerdings müssen aufgrund der Architektur höhere Leistungseinbußen in Kauf genommen werden (WÖHRMANN 2011, 17f.).

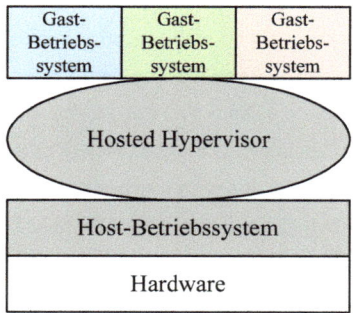

**Abb. 3:   Aufbau eines Hosted Hypervisors
           in Anlehnung an LARISCH (2009a, 1)**

Xen Hypervisoren von Citrix Systems können als Mischform der Bare Metal und Hosted Hypervisor Ansätzen betrachtet werden. Xen verwendet Linux-Betriebssysteme in der initialen Domain 0, ersetzt somit den Betriebssystem-Kernel und erreicht daher gute Performancewerte (Abb. 4). Allerdings ist die Einbindung von Gastsystemen relativ komplex und erfordert häufig Fachwissen und Geduld (KOFLER 2013, 236 & RUNGE, STURM, WIßKIRCHEN, EBEL, GROH, HÖLLER & MEWES 2009, 103.).

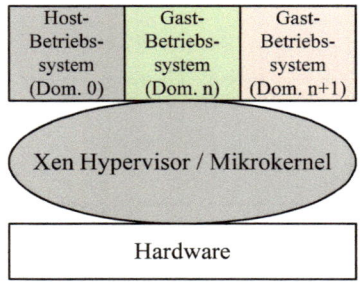

Abb. 4:   **Aufbau eines Xen Hypervisors**
            in Anlehnung an PICHT **(2009, 19)**

2.4   Historische Entwicklung

Der Trend zu virtualisierten Client- und Serverstrukturen fand seit 2006 immer größer werdenden Zuspruch und breite Verwendung in Rechenzentren (FISCHER 2009, 37). Trotz dieser Aktualität liegen die Wurzeln der Virtualisierung bereits in den 1950er Jahren (RUNGE, STURM, WIßKIRCHEN, EBEL, GROH, HÖLLER & MEWES 2009, 53). FISCHER (2009) unterteilt die Entwicklung der Virtualisierungstechnologie in die Abschnitte der klassischen Virtualisierung (ab 1950) und der modernen Virtualisierung (seit 2003, ausgehend von der Entwicklung von Xen) um den schwankenden Entwicklungs- und Akzeptanzverlauf dieser Technologie zu unterstreichen (FISCHER 2009, 105ff.). In den folgenden Abschnitten werde ich die wichtigsten Entwicklungsschritte ebenfalls in Form einer zeitlich unterteilten Chronik darstellen. Die Trennungen möchte ich allerdings an der Durchsetzung dezentraler Client-/Server-Strukturen sowie an der erstmaligen und vollumfänglichen Entwicklung einer heutzutage üblichen x86-Virtualisierungslöung im Jahr 1999 (FISCHER 2009, 130.) setzen:

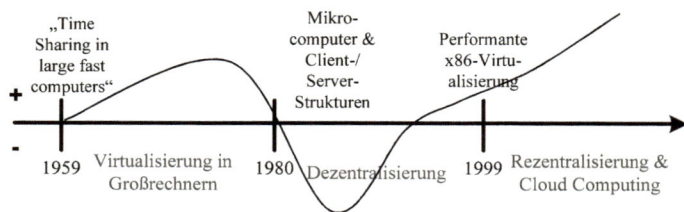

Abb. 5:   **Skizze in Form einer Zeitleiste zur Verbreitung virtualisierter IT-**
            Systeme (eigene Darstellung)

Christopher Strachey gilt heute als Urvater des Virtualisierungsgedanken in der IT. STRACHEY (1959) veröffentlichte 1959 die Abhandlung „Time Sharing in large fast computers", in der er Ansätze zum Multitasking und Multiprogramming von Großrechnern darbrachte. Grundgedanke seiner Überlegung war die Erweiterung einer physischen CPU um eine logische CPU, um somit vorhandene Rechenkapazitäten effizient auszunutzen (STRACHEY 1959 zitiert nach FISCHER 2009, 97 & RUNGE, STURM, WIßKIRCHEN, EBEL, GROH, HÖLLER & MEWES 2009, 53).

1962 wurde der Gedanke der Hardwarevirtualisierung im ATLAS-Großrechner erfolgreich umgesetzt. Dieser Großrechner ermöglichte parallele Magnetbandbearbeitung durch Multitasking-Operationen in Form von virtualisierten Speicher. Der ATLAS war dadurch deutlich leistungsstärker als die Großrechner des bis dato unangefochtenen Marktführers IBM (FISCHER 2009, 97f.).

Mitte der 1960er Jahre entstanden durch eine Kooperation von IBM und dem Massachusetts Institute of Technology (MIT) erste Entwicklungen von Emulatoren (FISCHER 2009, 66). Aus dieser Zusammenarbeit resultierten 1970 auch die ersten virtuellen Maschinen für den Mehrbenutzerbetrieb. Diese kamen in den IBM-Großrechnersystemen 370 zum Einsatz und ermöglichten es, eigenständige IBM System/370-Betriebssysteme als virtuelle Maschinen in Bildschirmterminals zu Verfügung zu stellen. In der Folgezeit entstanden weitere Technologien zur Virtualisierung von Hardwareressourcen, die unter anderem auf logischer Partitionierung beruhten (RUNGE, STURM, WIßKIRCHEN, EBEL, GROH, HÖLLER & MEWES 2009, 53).

Die Verbreitung von Microcomputern mit x86-Technologie bremste den Siegeszug der Virtualisierung deutlich (FISCHER 2009, 101). Die nun verfügbaren kostengünstigen und kleinen Personal Computer und Server fanden große Akzeptanz, führten zu Client-/Serverstrukturen in den Rechenzentren und zur Dezentralisierung von IT-Ressourcen. Dies führte dazu, dass Virtualisierungslösungen einen zunehmend geringer werdenden Stellenwert innehatten (RUNGE, STURM, WIßKIRCHEN, EBEL, GROH, HÖLLER & MEWES 2009, 54).

Mit stetig wachsenden Client-/Serverstrukturen und immer leistungsfähigerer Hardware stieg die Anzahl unterausgelasteter und kostenineffizienter Serverlandschaften. Diese Umstände führten wiederum zu Rezentralisierungsaktivitäten durch Virtualisierung. In den späten 1990er Jahren etablierten sich Mehrbenutzerbetriebssysteme durch die Windows Terminal Services von Microsoft bzw. Citrix Systems. Diese Form der

Presentationvirtualisierung ermöglichte den Remote-Zugriff von Userterminals aus (Thin Clients) auf zentral gehostete, geteilte Mehrbenutzer-Betriebssystemumgebungen (ANDERSON & GRIFFIN 2009, 28f. & RUNGE, STURM, WIßKIRCHEN, EBEL, GROH, HÖLLER & MEWES 2009, 54f.).

1999 gelang es VMWare mit dem Release der VMWare Workstation zum ersten Mal, „einen kompletten x86-Computer auf einem x86-Host-System performant zu virtualisieren" (FISCHER 2009, 130). In der Folgezeit beschleunigten schnelle und kostengünstige Breitbandverbindungen den Trend zu zentraler Bereitstellung virtueller Server und Desktops (RUNGE, STURM, WIßKIRCHEN, EBEL, GROH, HÖLLER & MEWES 2009, 55).

Seit 2006 beherrscht das Schlagwort „Cloud Computing" die IT-Branche und wird nach den Mainframe-Ansätzen und dem Client-/Servermodell oft als dritter wichtiger Meilenstein der Informationstechnologie betrachtet (METZGER, REITZ & VILLAR 2011, 1f.). Die Bereitstellung von Rechen- und Speicherkapazitäten auf Dienstleistungsbasis baut in weiten Teilen auf Virtualisierungsgrundsätzen auf. Im Rahmen dieser „as-a-Service"-Paradigmen greifen Endanwender ortsunabhängig auf abstrahierte, zentral bereitgestellte und zum großen Teil virtualisierte Hardwareressourcen zu (BAUMEISTER 2011, 339 & METZGER, REITZ & VILLAR 2011, 17).

3.   Virtualisierungstechnologien

Wie bereits aus den Begriffsdefinitionen in Kapitel 2.1 hervorging, unterscheide: sich die Ausprägungen der IT-Virtualisierung hauptsächlich durch die zu visualisierenden IT-Objekte. Die so entstandenen Virtualisierungsvarianten sind allerdings nich: nur strikt getrennt voneinander zu betrachten, sondern können im kombinierten Einsatz Synergien schaffen (BITKOM 2009c, 4f. & LARISCH 2009a, 2).

In diesem Kapitel werden die gängigen Technologien zur IT-Virtualisierung dargestellt. Ergänzend dazu wird ein Überblick über mögliche Produkte zur Realisierung in Bildungseinrichtungen besonders relevanter Virtualisierungstechnologien gegeben.

Als Ausgangspunkt hierfür möchte ich mich auf den aktuellen Technologiequadranten des Marktforschungsunternehmens Gartner Research (Abb. 6)   stützen. Gartner Research veröffentlicht jährliche Magic Quadrants für verschiedene Technologiemärkte, die dazu dienen, verschiedene Anbieter aufgrund ihrer Entwicklungspotentiale und Realisierungsmöglichkeiten mit Wettbewerbern zu vergleichen. Diese Einschätzungen beruhen auf einer Vielzahl von Evaluationskriterien und Forschungsergebnissen des Marktforschungsinstituts (GARTNER RESEARCH 2013).

Abb. 6:   **Gartner-Quadrant zur x86-Virtualisierung (SOMMERGUT 2012)**

Der betrachtete Magic Quadrant zur x86-Virtualisierung visualisiert die Marktpositionierung der bedeutendsten Virtualisierungsanbieter zum Stand Juni 2012. Ausgehend von dieser Datengrundlage möchte ich Lösungen der vier höchstbewerteten Anbieter VMWare, Microsoft, Citrix Systems und Oracle (GARTNER RESEARCH 2013) bei der Betrachtung der Server-, Desktop- und Anwendungsvirtualisierungstechnologien berücksichtigen.

3.1 Servervirtualisierung

Die Motivation zur Konsolidierung von Serverstrukturen liegt hauptsächlich in der Unterbeschäftigung klassischer IT-Umgebungen (LARISCH 2009a, 7). Es wurden immer leistungsfähigere Hardware – wie beispielsweise Multicore-Prozessoren – entwickelt, sodass die Nutzlast der Server kontinuierlich zurückging. Des Weiteren wurden stetig mehr Anwendungen auf eigenen Servern gehostet. Diese Faktoren führten zu einer zunehmenden Anzahl kosteneffizienten Server und steigenden Betriebskosten in den Rechenzentren. Durch Servervirtualisierung kann diesen Entwicklungen entgegengewirkt werden. (KELBLEY & STERLING 2011, 22).

3.1.1 Funktionsweise

Um die Technologie zur Virtualisierung von Serverstrukturen zu untersuchen, möchte ich die umseitige Abb. 7 heranziehen:
Wie in Kapitel 2.2 beschrieben, werden in virtualisierten Systemumgebungen mehrere Betriebssysteme in Form von virtuellen Maschinen auf einem physischen Host betrieben. Überträgt man dieses Prinzip auf die Serverebene, können somit mehrere physische Server durch einen physischen Server, auf dem mehrere virtuelle Server isoliert voneinander betrieben werden, ersetzt werden. Somit kann einerseits die Anzahl der betriebenen Server gesenkt und andererseits deren Auslastung optimiert werden (IBM GLOBAL EDUCATION 2007, 3f.).

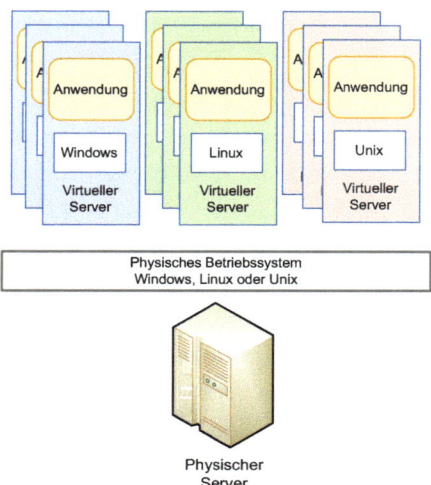

Abb. 7: Modell der Servervirtualisierung
in Anlehnung an IBM GLOBAL EDUCATION (2007, 4)

Bei der Analyse der Lösungen zur Servervirtualisierung ist im Weiteren zu unterscheiden, ob diese in erster Linie zum parallelen Betrieb mehrerer Betriebssystemumgebungen an Einzelplätzen oder innerhalb vielschichtiger Systemstrukturen – teils mit Integration weiterer Virtualisierungstechnologien – konzipiert sind.

3.1.2 Lösungen an Einzelplätzen

VMWare Workstation läutete 1999 die Ära der x86-Virtualisierung ein. Die Software ermöglicht es, neue virtuelle Maschinen zu erstellen oder auch bestehende Systeme in virtuelle Maschinen zu überführen und diese parallel auf einem physischen Host zu betreiben (RUNGE, STURM, WIßKIRCHEN, EBEL, GROH, HÖLLER & MEWES 2009, 108). Die etwa 190,00 € teure Einzelplatzlizenz (VMWARE 2013a) bietet eine Vielzahl an Funktionen und breite Hardware- und Betriebssystemunterstützung (LARISCH 2009a, 69f.). VMWare Workstation und die für Apple konzipierte Variante VMWare Fusion werden häufig in Testnetzwerken, Entwicklungs- oder Schulungsumbungen einge-setzt (AHNERT 2009, 69f. & RUNGE, STURM, WIßKIRCHEN, EBEL, GROH, HÖLLER & MEWES 2009, 109).

VMWare Player stellt eine kostenlose Variante der VMWare Workstation mit geringem Funktionsumfang dar. Der VMWare Player dient lediglich zum Abspielen vorkonfigurierter virtueller Maschinen. Funktionen wie das Klonen virtueller Maschinen oder die Erstellung von Snapshots werden nicht durch den Player unterstützt (ZIMMER, WÖHRMANN, SCHÄFER, BAUMGART, ALDER, KÜGOW & BRUNNER 2012, 41). Es ist jedoch möglich, virtuelle Maschinen anderer Anbieter in der Laufzeitumgebung zu nutzen oder fertige VMWare-Images über den Anbieter zu beziehen (BITKOM 2009c, 17 & BRAUN 2008, 265).

Microsoft bietet mit der Software Virtual PC eine Alternative zu VMWare Workstation an. Virtual PC wurde ursprünglich von Connectix für Macintosh-Systeme konzipiert und nach der Übernahme durch Microsoft geringfügig weiterentwickelt. Virtual PC wird vor allem in Entwicklungs-, Test- und Helpdesk-Umgebungen an Einzelplätzen eingesetzt und ist im Vergleich zu VMWare Workstation leistungsschwächer und unterstützt nur Windows- und OS/X-Gäste (ZIMMER 2005, 79ff.). Die kostenlose Software ist übersichtlich, läuft stabil und lässt sich gut bedienen (BODDENBERG 2009, 903).

Oracle VM VirtualBox ist vom Leistungsumfang in etwa mit VMWare Workstation vergleichbar. Das Produkt unterstützt 32- und 64-Bit Versionen nahezu aller gängigen Betriebssysteme. Die Vorteile dieser Alternative bestehen aus der Integration vieler Sprachpakete, der Unterstützung durch open source Communities und häufige Update-zyklen (DONAUER & JÄGER 2011, 49ff.). Für kommerzielle Zwecke fallen neben den einmaligen Lizenzkosten von 39,00 € zusätzliche, jährliche Support-Kosten pro Einzelplatz an (ORACLE 2013a).

3.1.3   Lösungen zum komplexen Betrieb in Rechenzentren

Die kostenlose Software VMWare Server ist ein Hosted Hypervisor, was zur Folge hat, dass Performanceeinbußen in Kauf genommen werden müssen. Des Weiteren muss beachtet werden, dass den virtuellen Maschinen Hardwareressource nur begrenzt zu Verfügung gestellt werden können und auch einige Funktionen zur automatischen Migration und Load Balancing fehlen (RUNGE, STURM, WIßKIRCHEN, EBEL, GROH, HÖLLER & MEWES 2009, 112f.). VMWare Server dient folglich eher als Einstiegslösung zur Servervirtualisierung oder zum Testen und Pilotieren virtualisierter IT-Systeme (LARISCH 2009a, 35ff.).

VMWare vSphere stellt die umfangreichste Lösung in der VMWare-Produktfamilie dar. Die Basis-Version des Bare Metal Hypervisors ist ab 900,00 € erhältlich (VMWARE 2013c). Die zahlreich verkaufte und technisch ausgereifte Software bietet viele verschiedene Werkzeuge zur Virtualisierung komplexer Systemumgebungen in Rechenzentren und größeren Firmennetzwerken. Es werden viele unterschiedliche Varianten angeboten, die je nach Einsatzzweck mit diversen Administrationsfunktionen ausgestattet und mit anderen VMWare-Produkten und Virtualisierungstechnologien kombiniert werden können. VMWare vSphere bietet unter anderem integrierte Möglichkeiten zur Speichervirtualisierung, Performance-Optimierung, Datenwiederherstellung, Optimierung der Systemsicherheit und zum automatischen Lastausgleich (ZIMMER, WÖHRMANN, SCHÄFER, BAUMGART, ALDER, KÜGOW & BRUNNER 2012, 42 ff.).

Microsoft Virtual Server ist ein kostenloser Hosted Hypervisor, der Linux-Distributionen nur als Gastbetriebssystem unterstützt. Es ist ebenfalls nicht möglich, 64-Bit-Betriebssysteme als Gäste zu betreiben. Virtual Server gestattet es, Hardwareressourcen automatisch und nach Bedarf zuzuordnen und kann in ein ActiveDirectory eingebunden werden. Typische Einsatzgebiete der Software sind kleine bis mittelgroße System-, Test- und Entwicklungsumgebungen (AHNERT 2009, 74f.).

Hyper-V ist die umfangreichste Lösung zur Servervirtualisierung aus dem Microsoft-Produktportfolio und bildet das Pendant zu VMWare vSphere. Basisversionen sind Bestandteil aktueller Windows Server-Betriebssysteme und auch als funktional eingeschränkter und eigenständiger Hyper-V Server erhältlich (LARISCH 2009b, 28ff. & RADONIC 2011a, 84f.). Die Anwendungslösung ermöglicht die Realisierung von virtuellen Server-, Speicher-, Desktop- und Netzwerkstrukturen. Umfangreiche Hardwareunterstützung, Migrations- und Load-Balancing-Tools sowie Snapshotfunktionen runden den Leistungsumfang ab (LARISCH 2009b, 43f). Für komfortablen Administrationsfeatures und performanceoptimierten Betrieb in größerer Systemumgebung sind jedoch häufig kostenpflichtige Erweiterungen wie der System Center Virtual Machine Manager nötig (RADONIC 2011a, 85).

Citrix Systems bietet das Produkt Citrix XenServer zur Servervirtualisierung in kleineren bis mittelgroßen Produktivumgebungen an (BECKER 2009, 51). Schon die kostenfreie Ausführung unterstützt die Einbindung gängiger Betriebssysteme und Hardwareressourcen sowie einfache Snapshot- und Migrationsfunktionen. Die open source-Lösung kann gegen Aufpreis mit zusätzlichen Funktionen nachgerüstet werden (CITRIX SYSTEMS 2013b & RADONIC 2011a, 85ff.). Abhängig vom Lizenzmodell kann auf weitere Features zur Performances- und Sicherheitsoptimierung, Speichervirtualisierung und andere Administrationswerkzeuge zurückgegriffen werden (CITRIX SYSTEMS 2013b).

Oracle VM Server verwendet einen Xen-ähnlichen Hypervisor zur Performanceoptimierung. Neben einer umfangreichen Betriebssystemunterstützung bietet Oracle fertige VM Templates mit hauseigenen Anwendungen zur einfachen Integration an. VM Server ist eine freie Software, für Supportleistungen fallen jedoch laufend Kosten an (BITKOM 2009c, 15).

3.2   Desktopvirtualisierung

Der Virtualisierungsansatz in Rechenzentren weitete sich auch auf andere Wirkungskreise aus. Ein sehr aktueller Trend zur Kostenreduktion liegt in der Bereitstellung virtualisierter Desktops (BITKOM 2012a, 5).

3.2.1 Funktionsweise

Der Kerngedanke dieser Variante liegt darin, Desktopumgebungen nicht mehr auf den lokalen PCs, sondern auf zentralen Hosts zu betreiben (BODDENBERG 2009, 897). Dabei werden Desktop-Betriebssysteme und Anwendungen von ihren lokalen Wirten entkoppelt und als virtuelle Maschinen auf einer gemeinsamen Serverhardware integriert (BITKOM 2012, 5).

Am Arbeitsplatz des Anwenders sind nur noch relativ leistungsschwache Clients in Form von Thin Clients, Laptops, vorhandenen Fat Clients oder mobilen Endgeräten notwendig, die lediglich zur Eingabeverarbeitung und Visualisierung dienen. Diese Clientgeräte können dabei auf die jeweiligen virtualisierten Desktopmaschinen zugreifen, sodass die Endanwender von jedem beliebigem Client aus innerhalb ihrer individuellen Desktopumgebungen arbeiten können (BITKOM 2012, 5f.).

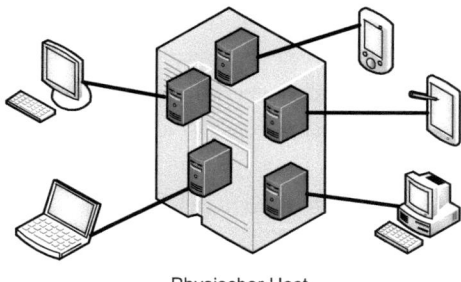

Physischer Host

Abb. 8: Modell der Desktopvirtualisierung
in Anlehnung an BODDENBERG **(2009, 898)**

3.2.2 Lösungen

VMWare View ist eine kostenpflichtige Lösung zur Desktopvirtualisierung. Mittels PCoIP verbinden sich Clients in Form von Arbeitsplatzrechner, Thin Clients oder mobilen Endgeräten mit den zugehörigen virtuellen Maschinen auf dem Host. Die Anwender können somit auf ihre zentral zur Verfügung gestellten, individuellen Desktops zugreifen. VMWare View stellt eine Vielzahl von Administrationswerkzeugen, wie etwa Snapshot-, Clone- und Monitoringfunktionen, bereit. Basisversionen werden ab 1700,00 € angeboten (AHNERT 2009, 81f. & VMWARE 2013b).

Citrix XenDesktop wird ebenfalls in mehreren, teils kostenlosen Ausführungen vertrieben. Neben hoher Performance bildet die Unterstützung virtueller Maschinen von VMWare und Microsoft einen Vorteil dieser Anwendung. Der Umfang integrierter Funktionen variiert dabei innerhalb verschiedener Versionen: Skalierungsmöglichkeiten, zusätzliche Anwendungs- und Speichervirtualisierungstechnologien werden nur in Kombination mit höheren Editionen angeboten (LIEBISCH 2010, 86f.).

Citrix XenClient ist eine Lösung zur Desktopvirtualisierung in offline-Umgebungen. Die Anwendung unterscheidet sich von Citrix XenDesktop, indem sie als lokaler, echter Bare Metal Hypervisor fungiert und virtuelle Desktops auch offline verfügbar macht. Dabei können mehrere virtuelle Maschinen isoliert voneinander auf dem Clientgerät installiert werden. Vorbereitete virtuelle Maschinen werden initial auf die Endgeräte übertragen und bei bestehender Internetverbindung wieder mit dem Server synchronisiert.

Citrix adressiert dadurch vor allem Laptop-User in größeren Unternehmen, die ihr Endgerät auch ohne Internetverbindung und im privaten Umfeld nutzen wollen (RADONIC
2011b, 41ff.). Auch bei diesem Produkt gibt es diverse kostenlose und kostenpflichtige
Versionen mit unterschiedlichem Funktionsumfang (CITRIX SYSTEMS 2013a).

VDI-in-a-Box vom Anbieter Citrix Systems ist eine leistungsstarke Alternative zur kostengünstigen Realisierung virtualisierte Desktopumgebungen (O'GARA 2012). Die
Software ermöglicht es, hochverfügbare Desktopinfrastrukturen in Kombination mit
wenigen Hardwareressourcen zu realisieren (CITRIX SYSTEMS 2012, 2f.). Citrix VDI-in-
a-Box unterstützt eine Vielzahl an Hypervisoren und ist nach Bedarf innerhalb eines
kostengünstigen Lizenzmodells erweiterbar. Somit stellt die Kombination dieses
Produkts mit kostenlosen Hypervisoren durchaus eine effiziente Lösung zur Desktopvirtualisierung in kleineren Systemumgebungen dar (O'GARA 2012).

Oracle VDI zeichnet sich durch die Integrationsmöglichkeit von Windows-, Linux- und
Ubuntu-Distributionen und weiteren Betriebssystemen aus. Bei diesem Produkt fallen
laufzeitabhängige Lizenzkosten zwischen 24,00 € und 118,00 € pro potentiellen Nutzer
an (BITKOM 2009c, 16 & ORACLE 2013b).

3.3   Anwendungsvirtualisierung

Die Anwendungsvirtualisierung unterscheidet sich in ihrer Charakteristik von den anderen Virtualisierungstechnologien, da hier keine Hardwarevirtualisierung stattfindet,
sondern eine Trennung von Betriebssystem und Anwendung (BECKER 2009, 46).

3.3.1 Funktionsweise

Dieses Prinzip ist in Abb. 9 dargestellt: Durch Anwendungsvirtualisierung werden
Anwendungen in spezielle Laufzeitumgebungen gekapselt, in Containern installiert und
dort ausgeführt. Folglich können Applikationen unabhängig vom Betriebssystem, anderen Anwendungen und der darunterliegenden Hardware installiert und aufgerufen
werden. Eingriffe in die Registry und DLLs müssen in diesem Fall nur in der
abgeschotteten Laufzeitumgebung durchgeführt werden (BODDENBERG 2009, 899f. &
WÖHRMANN 2011, 23).

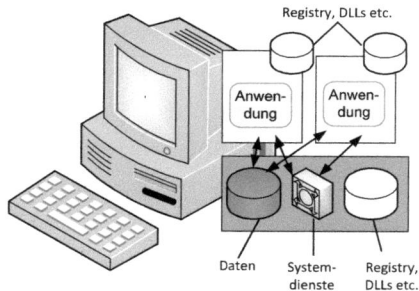

Abb. 9: Modell der Anwendungsvirtualisierung
in Anlehnung an Boddenberg (2009, 900)

Durch die Integration in Terminal Servern können zentral gehostete, autonome Zwischenschichten dazu führen, Synergieeffekte bezüglich der Eliminierung weitreichender Kompatibilitätsproblemen und unerwünschter Wechselwirkungen zu schaffen (BECKER 2009, 46 & BODDENBERG 2009, 901).

3.3.2 Lösungen

Durch die kostenpflichtige Lösung VMWare ThinApp werden Anwendungen in eigenen Containern installiert. Dies ermöglicht es, die installierte Software in eigenen Laufzeitumgebungen und unabhängig von Wechselwirkungen zu betreiben (RUNGE, STURM, WIßKIRCHEN, EBEL, GROH, HÖLLER & MEWES 2009, 110f.).

Bei der in Microsoft Windows 7 integrierte Anwendung App-V werden Anwendungen in Sandboxen zentral gehostet und an die Clients gestreamt. Auf den Servern können verschiedene Versionen der isolierten Anwendungen installiert, administriert und mit dem ActiveDirectory verknüpft werden. Somit kann festgelegt werden, welcher Nutzer auf bestimmte, konfliktfreie Versionen zugreifen darf (JÄGER 2011, 155f.).

Das Funktionsprinzip von Citrix XenApp ähnelt dem von Microsofts App-V und ermöglicht damit eine konfliktfreie Anwendungsausführung in Abstimmung mit der Benutzerverwaltung. Je nach Lizenzmodell stehen viele Features zum Lastausgleich, Monitoring, Ressourcenüberwachung und Sicherheitsoptimierung zu Verfügung (LÜDEMANN 2011, 59ff.).

3.4 Presentationvirtualisierung

Die Presentationvirtualisierung wurde bereits 1995 durch die von Microsoft verwende-
ten Windows NT Terminal Services realisiert. Weite Verbreitung fand dieser serverba-
sierte Ansatz durch die Integration in das Betriebssystem Microsoft Windows 2000
Server (ANDERSON & GRIFFIN 209, 29). Spezielle Serverdienste ermöglichen es – ähn-
lich wie bei der Desktopvirtualisierung – die Ausführungslogik auf zentralen Servern zu
verschieben (LARISCH 2009a, 8).

Auch bei der Presentationvirtualisierung können „schlanke" Endgeräte als
Clients/Terminals fungieren. Zum Ausführen der auf zentralen Betriebssystemen installierten Anwendungen genügen auf der Clientseite in der Regel Ein- und Ausgabegeräte
sowie spezielle Gerätetreiber (LARISCH 2009a, 8).

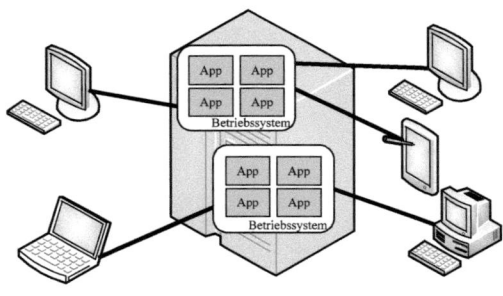

Physischer Host

**Abb. 10: Modell der Presentationvirtualisierung
in Anlehnung an Boddenberg (2009, 899)**

Diese Virtualisierungstechnologie unterscheidet sich zur Desktopvirtualisierung hauptsächlich dadurch, dass sich mehrere Benutzer eine Betriebssysteminstanz auf einem
zentralen Host teilen und individuelle Desktopumgebungen folglich nicht möglich sind
(BODDENBERG 2009, 898).

3.5   Speichervirtualisierung

In Zeiten von möglichst papierlosen Geschäftsprozessen und jährlich zunehmender Anzahl digitalisierter Daten nahm der Bedarf an Storagekapazitäten kontinuierlich zu. Laut Expertenschätzungen erhöht sich die Menge zu speichernder Daten jährlich um 50 bis 100 Prozent. Dieser enormen Steigerung kann durch virtualisierte Speicherkonzepte Rechnung getragen werden (LARISCH 2009a, 3).

Hierbei werden Festplattenressourcen hersteller- und typunabhängig in Storage Area Networks (SAN) eingebunden und in virtueller Form verfügbar gemacht. Dieser neu geschaffene Speicherpool setzt sich in der Regel aus mehreren, schnellen Festplatten zusammen, die in RAID-Verbänden gebündelt werden. Dabei können die einzelnen Storageressourcen flexibel zusammengeführt oder in kleinere Partitionen aufgeteilt werden (RUNGE, STURM, WIßKIRCHEN, EBEL, GROH, HÖLLER & MEWES 2009, 68f.). Die Speichereinheiten werden durch eine spezielle Managementsoftware als virtuelle Logical Units (LUNs) adressiert und gestatten zudem parallele und serielle Zugriffe auf den Datenpool (LARISCH 2009a, 3f.).

Die Architektur der Speichervirtualisierungs lässt sich in zwei Hauptausprägungen unterscheiden (LARISCH 2009a, 5):

In der in Abb. 11 dargestellten In-Band-Architektur befindet sich die Virtualisierungsschicht direkt zwischen den Servern und der Storagehardware. Diese Variante ist im Vergleich zur Out-of-Band-Architektur kostengünstiger und flexibler, ein Ausfall innerhalb der Virtualisierungsschicht würde allerdings das gesamte SAN negativ beeinträchtigen (BITKOM 2012b, 11 & LARISCH 2009a, 5).

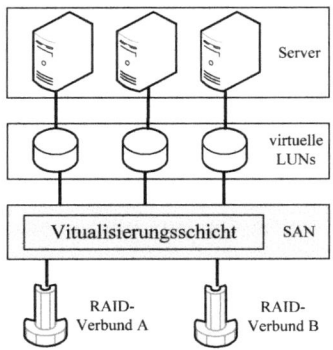

Abb. 11: Modell der Speichervirtualisierung: In-Band-Architektur
in Anlehnung an BITKOM (2012b, 11)

Durch die Out-of-Band-Architektur wird die Virtualisierungsschicht auf einem geson-derten Virtualisierungs-Server ausgelagert und somit vom Datenpfad getrennt. Diese Lösung ist weniger flexibel und nachvollziehbar, erhöht jedoch die Geschwindigkeit der Datenübertragung und die Verfügbarkeit (BITKOM 2012b, 12 & LARISCH 2009a, 5).

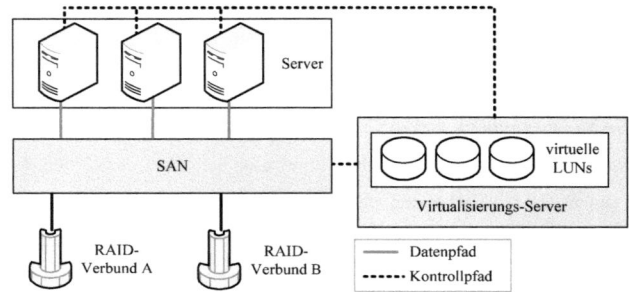

Abb. 12: Modell der Speichervirtualisierung: Out-of-Band-Architektur in Anlehnung an BITKOM (2012b, 12)

3.6   Netzwerkvirtualisierung

Mittels der Virtualisierung von Netzwerken werden Netzwerkressourcen geschaffen, die unabhängig von bestehenden Netzwerkstrukturen bereitgestellt werden (RUNGE, STURM, WIßKIRCHEN, EBEL, GROH, HÖLLER & MEWES 2009, 72). Dabei sind drei Varianten zu unterscheiden:

Die erste Ausführung bilden Virtual Local Area Networks (VLANs oder auch LAN-Virtualisierung). Diese dienen dazu, ein virtuelles Netzwerk aus mehreren physischen Netzwerken zu erzeugen bzw. ein physisches Netzwerk in virtuelle Netzwerke zu segmentieren. Die neu geschaffenen VLANs können im Gegensatz zu physischen LANs sowohl in ihrer Charakteristik unterschiedlich spezifiziert als auch parallel betrieben werden (BARRETT & KIPPER 2010, 18).

Virtual IP (VIP) bildet eine weitere Variante der Netzwerkvirtualisierung, bei der virtu-elle IP-Adressen geschaffen werden. Diese virtuellen IP-Adressen sind dabei keinem festen Rechner zugeordnet, sodass Datenpakete, die dorthin adressiert wurden, flexibel und automatisch an unterschiedliche, physische oder virtuelle Empfänger weitergeleitet werden. Diese Lösung wird oft dazu benutzt um Redundanzen zu schaffen und eine flexible Adressierung bei Load-Balancing-Maßnahmen zu gewährleisten (BUYTAERT,

DITTNER, GARCIA, GROTENHUIS, HART, JONES, MAJORS, MULLER, PAYNE, PRIES, ROSEN, RULE, SUMMITT, TEN SELDAM & WILLIAMS 2007, 25). Der Einsatz virtueller IP-Adressen bietet noch einen weiteren Vorteil: Bei rein physischen Rechner- und Netzwerkstrukturen ist die Anzahl möglicher Netzwerkverbindungen auf die Menge physischer Netzwerkkarten beschränkt. Durch die Verwendung virtueller IPs ist es hingegen möglich, mehrere Netzwerkkarten innerhalb einer Maschine zu virtualisieren, sodass diese zeitgleich mit mehreren LANs und VLANs verbunden sein können (WÖHRMANN 2011, 22).

Virtuelle Private Networks (VPNs) nutzen bestehende Internetverbindungen, um einen sicheren Datentransfer zwischen zwei Teilnehmern zu gewährleisten. Dieses Szenario simuliert den Datenaustausch über ein physisches Netzwerk. Allerdings werden dabei Daten nicht LAN-intern, sondern über öffentliche Netze transferiert. Um den Gefahren öffentlicher, unsicherer Datenverbindungen zu entgegnen werden Verschlüsselungsverfahren eingesetzt. VPNs werden häufig benutzt um remote-Verbindungen externer Hardware mit geschlossenen Netzwerken zu realisieren. Ein Beispiel hierfür ist die Integration von Homeoffice-Arbeitsplätzen in Firmennetze (BUYTAERT, DITTNER, GARCIA, GROTENHUIS, HART, JONES, MAJORS, MULLER, PAYNE, PRIES, ROSEN, RULE, SUMMITT, TEN SELDAM & WILLIAMS 2007, 25).

4.   Möglichkeiten durch Client- und Servervirtualisierung

Durch die Entwicklung leistungsstarker x86-Virtualisierungstechnologien hat sich die Client- und Servervirtualisierung in vielen Bereichen wirtschaftlicher und gesellschaft-licher Institutionen bereits weit verbreitet und zu neuen Geschäftsmodellen geführt (BUHL & WINTER 2009, 159). In diesem Kapitel möchte ich darauf eingehen, auf welchen Faktoren diese Entwicklung fußt und welche konkreten Potentiale sich zur Schaffung eines (betrieblichen) Mehrwerts ergeben.

4.1   Kostenersparnis

Als Hauptargument für die Virtualisierung dezentraler Systeme wird oft die mögliche Kostenreduzierung genannt (RADONIC 2011b, 41). Das Fraunhofer Instituts Umwelt-, Sicherheits- und Energietechnik hat im Rahmen einer Wirtschaftlichkeitsstudie aus dem Jahr 2008 „klassische", managed PCs mit redundanten Terminalserversystemen vergli-chen. Daraus ging hervor, dass in Terminalszenarien – abhängig von der Benutzerzahl im Untersuchungsbereich von 35 bis 350 Usern – 23 bis 29 Prozent der Beschaffungs-, Betriebs- und Entsorgungskosten pro eingesetzten Client eingespart werden können (FRAUNHOFER UMSICHT 2008, 21).

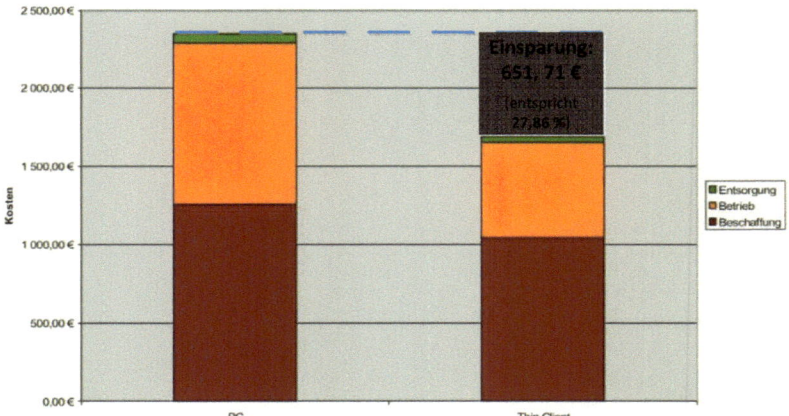

Abb. 13: Kostenvergleich vollwertiger PCs und Thin Clients im Rahmen der Presentation-virtualisierung von 175 Clients (FRAUNHOFER UMSICHT 2008, 21)

Schulen und Hochschulen stehen häufig nur relativ knapp kalkulierte IT-Budgets zur Verfügung (BREITER 2001, 7). Daher bieten virtualisierte IT-Strukturen auch in Bildungseinrichtungen sehr gute Ansätze, um Kosteneinsparungen in vielerlei Hinsicht zu ermöglichen (HÖLZLWIMMER 2010, 229). Die einzelnen Einflussfaktoren und Möglichkeiten zur Kostensenkung werden im Folgenden dargestellt:

Die Einsatzdauer der eingesetzten Client-Hardware und -Betriebssysteme kann verlängert werden. Thin Clients müssen in ihrer Funktion als Ein- und Ausgabegeräte lediglich geringen Anforderungen gerecht werden, da die leistungskritischen Prozesse oft ausschließlich auf dem physischen Host (Server) der virtuellen Maschinen ausgeführt werden. Die ständigen Weiterentwicklungen im IT-Sektor und die einhergehenden steigenden Hard- und Softwareansprüche beschränken sich somit in der Regel nur auf das Wirtssystem der virtuellen Maschinen. Physische Client-Geräte können somit im besten Fall bis zu ihrem Defekt eingesetzt werden. Aus gleichem Grund ist es zudem möglich, vorhandene, vollwertige Arbeitsplatzrechner als Quasi-Thin Clients umzufunktionieren (LÜDEMANN 2011, 40f.).

Besonders an allgemeinbildenden Schulen werden oft nur Anwendungen mit geringeren Ressourcenanforderungen eingesetzt, sodass hier besonders gute Voraussetzungen zum langfristigen Clientbetrieb in einer virtuellen Desktopumgebung vorliegen (IBM GLOBAL EDUCATION 2007, 6).

Sind Neuanschaffung im Clientbereich notwendig, weisen Thin Clients aufgrund ihrer ressourcenarmen Bauweise im Vergleich zu vollwertigen Rechnern deutlich niedrigere Anschaffungskosten auf (LÜDEMANN 2011, 40f.). Microsoft beziffert diesen Kostenvorteil im Rahmen einer Studie zu virtuellen Desktop Infrastrukturen aus dem Jahr 2010 auf 300,00 $ pro Client (MICROSOFT 2010, 13).

Bei der Ausstattung von schulischen PC-Räumen lassen sich somit die Hardwarekosten für Neugeräte deutlich reduzieren.

Durch die Virtualisierung auf Serverebene kann die Anzahl an physischen Servern gesenkt werden. Serversysteme weisen oft einen hohen Strombedarf zur Energieversorgung und zur Kühlung ihrer Komponenten auf. Des Weiteren benötigen sie viel Platz in den Rechenzentren. Neben der optimierten Ressourcenauslastung werden dadurch also auch Möglichkeiten geschaffen, Einsparung an Energiekosten und Bereitstellungsräumen zu realisieren (AHNERT 2009, S. 26).

Im schulischen IT-Umfeld ist es denkbar, Server mit geringer Nutzlast – wie typischerweise Mail- oder Webserver – in eine gemeinsame Wirtsplattform zu integrieren und folglich Kosten- und Platzeinsparung zu verwirklichen.

Die Kostenvorteile und der geringere Platzbedarf lassen sich auch auf virtuelle Desktopumgebungen übertragen. Thin Clients weisen wegen ihrer geringen Hardwareausstattung und ihrer kompakten Bauweise einen niedrigeren Energieverbrauch auf und benötigen nur den Bruchteil des Platzes im Vergleich zu vollwertigen PCs (BRENDEL 2008, 9 & LÜDEMANN 2011, 40f.).

In Klassenräumen mit PC-Unterstützung ist es daher also möglich, die Thin Clients platzsparend unterhalb der Schreibtische anzubringen und zugleich steigenden Strompreisen entgegenzuwirken.

Die Client- und Servervirtualisierung trägt auch zur Minimierung von Administrationskosten bei. Zentral betriebene virtuelle Server, Desktops und Anwendungen verlagern den Administrationsschwerpunkt weg von dezentralen Systemen hin zu gemeinsamen Host-Plattformen. Demzufolge können die virtuellen Maschinen gemeinsam gewartet werden oder einfache Kopien virtueller Maschinen zur Erweiterung der verfügbaren Systeme erstellt werden. Diese administrationsfreundlichen Strukturen verringern den zeitlichen Aufwand zur Systembetreuung und -bereitstellung, was sich positiv auf die Personalaufwendungen auswirkt (BITKOM 2009a, 6).

Ferner ist es möglich, in serverbasierten Desktop- und Anwendungsumgebungen die Anwendungslizensierungskosten zu minimieren. Einige Hersteller bieten Softwarelizenzen nach „Concurrent Use"- bzw. „Floating Licencse"-Modellen an. In diesen Szenarien wird nicht die Anzahl installierter Anwendungen, sondern eine von der Clientzahl unabhängige Menge an aktiven Sitzungen betrachtet. Abhängig von den sich im Lizenzumfang eingeschlossenen Sitzungen können Applikationen von beliebig vielen Clients aus aufgerufen werden, bis die vereinbarte Obergrenze an aktiven Anwendungszugriffen erreicht ist (BITKOM 2009b, 15f. & GROLL 2009, 278).

Dieser Vorteil ist auch für Bildungseinrichtungen interessant, da es häufig der Fall sein kann, dass nicht alle Clients zeitgleich auf identische Anwendungen zugreifen. Zudem bieten viele Virtualisierungsanbieter ihre Lösungen in Verbindung mit vergünstigten Schul- und Hochschullizenzen an. Bildungseinrichtungen können beispielsweise VMWare-Produkte mit bis zu 50-prozentigen Preisnachlässen erwerben (VMWARE 2013d).

4.2   Flexibilität

Maßnahmen zur Client- und Servervirtualisierung schaffen einen Mehrwert in Bezug auf Flexibilität und Dynamik in der Ressourcenbereitstellung. Schnelllebige Geschäfts-prozesse und möglichst variable Systemumgebungen erfordern rasche Reaktionen der zugrundeliegenden IT-Strukturen. Virtualisierte Server- und Desktopumgebungen unterstützen schnelle Abläufe in vielerlei Hinsicht (BITKOM 2009a, 6f.):

Virtuelle Maschinen können schnell und einfach auf andere Hosts verschoben werden. Da virtuelle Maschinen unabhängig von der tatsächlichen Hardware agieren können, ist es möglich, virtuelle Rechner flexibel innerhalb von Hostsystemen zu migrieren und somit auf Lastschwankungen der Hosts nahezu in Echtzeit und teilweise automatisiert zu reagieren. Auch im Falle einer Neuanschaffung oder Tauschs eines physischen Hosts können virtuelle Maschinen somit unbeeinträchtigt auf anderen Wirtssystemen weiter-betrieben werden (AHNERT 2009, 27 & BITKOM 2009a, 7).

Auf Grundlage von bestehender Installationen oder standardisierten Master-Images können virtuelle Maschinen schnell erstellt, modifiziert oder dupliziert werden (AHNERT 2009, 27). Dieses flexible Deployment ermöglicht es, eine Vielzahl gleichartiger virtu-eller Maschinen in Minutenschnelle zu erstellen (ZIMMER, WÖHRMANN, SCHÄFER, BAUMGART, ALDER, KÜGOW & BRUNNER 2012, 35).

In Schulungsumgebungen entfallen somit langwierige, monotone Installationsprozesse und ersparen den Dozenten/Administratoren den arbeitsintensiven Vorbereitungsauf-wand zur Bereitstellung mehrerer gleichartiger Systemumgebungen. Im schulischen Einsatz können auf diese Weise virtuelle Desktops für eigenständige Lerninhalte konzi-piert und schnell vervielfacht werden (AHNERT 2009, 26 & BUYTAERT, DITTNER, GARCIA, GROTENHUIS, HART, JONES, MAJORS, MULLER, PAYNE, PRIES, ROSEN, RULE, SUMMITT, TEN SELDAM & WILLIAMS 2007, 55). Für IT-Klassen können somit beispielsweise vorkonfigurierte, virtuelle Linux- oder Windowsumgebungen geschaffen werden, die explizit auf die jeweiligen Lerninhalte angepasst wurden.

Ein weiterer Vorteil wird durch die Möglichkeit geschaffen, Systemwiederherstellungspunkte schnell und einfach zu erstellen. Snapshotfunktionen dienen dazu, den Systemzustand virtueller Maschinen zu einem bestimmten Zeitpunkt zu sichern. Diese Wiederherstellungspunkte können im Nachhinein aufgerufen werden, sodass die virtuelle Maschine in einen vordefinierten Systemzustand zurückversetzt wird. Für Systemadministratoren ist diese Funktion vor allem nach fehlerhaften Installationen, Systemabstürzen oder in Testszenarien vorteilhaft (JOOS 2011, 100).

Virtuelle Desktops an schulischen oder universitären Einrichtungen können durch vorgehaltene Snapshots nach dem Herunterfahren automatisch wieder in den gewünschten Ausgangszustand versetzt werden (BUYTAERT, DITTNER, GARCIA, GROTENHUIS, HART, JONES, MAJORS, MULLER, PAYNE, PRIES, ROSEN, RULE, SUMMITT, TEN SELDAM & WILLIAMS 2007, 55). Von Schüler- oder Studentenhand installierte, unerwünschte Anwendungen oder lokal abgelegte Daten müssen somit nicht mehr durch zeitraubende, manuelle Systembereinigungsmaßnahmen entfernt werden.

Durch den Einsatz von Anwendungsvirtualisierungslösungen können Applikationen gekapselt in eigenen Containern betrieben werden. Diese spezielle Laufzeitumgebungen ermöglichen es, Anwendungen hardware- und betriebssystemunabhängig auszuführen und somit Kompatibilitätsprobleme zu umgehen (WÖHRMANN 2011, 23). Aufgrund der Abstraktion von der physischen Hardware ist es virtuellen Maschinen ebenfalls möglich, gewünschte Hardwareressourcen zu emulieren und somit unabhängig von der Hardwarekonfiguration ihrer Wirtssysteme zu agieren (AHNERT 2009, 27).

Bildungseinrichtungen können dadurch auch Legacy-Anwendungen in moderne Umgebungen integrieren, unerwünschte Wechselwirkungen zwischen Anwendungen umgehen oder Hardwareressourcen nach eigenem Wunsch konfigurieren (BARRETT & KIPPER 2010, 221 & WÖHRMANN 2011, 23).

4.3   Mobilität und Datenbereitstellung

Die weite Verbreitung von Notebooks, Smartphones und anderen intelligenten mobilen Endgeräten schaffte in der beruflichen Praxis Trends zu „Bring Your Own Device"-Ansätzen. Desktopvirtualisierung bietet in diesem Kontext eine geeignete Grundlage zur mobilen System- und Datenbereitstellung (SAVILL 2012, 410).

Auch an Schulen werden zunehmend mobile Endgeräte in die Unterrichtsgestaltung integriert. Dies beweist die ansteigende Zahl an Notebook-Klassen an bayerischen Schulen. Diese Endgeräte können mobil innerhalb des Klassenverbundes und auch in außerschulischen Lernumgebungen eingesetzt werden (BAYERISCHES STAATSMINISTERIUM FÜR UNTERRICHT UND KULTUS, BERATERKREIS FÜR SCHULRECHNER 2012, 8).

Virtualisierte Desktopinfrastrukturen eignen sich sehr gut zur Einbindung mobiler Endgeräte. Die Benutzer können mit einem Endgerät ihrer Wahl auf ihren vorgehaltenen virtuellen Maschinen arbeiten. In solch einer heterogenen Systemlandschaft können also Desktop-PCs durch Notebooks, Tablet-PCs oder Smartphones ersetzt werden. Die Benutzer können somit ihr vertrautes Endgerät in ein geschlossenes Netzwerk integrieren und innerhalb ihrer gewohnten Desktopumgebung arbeiten (BITKOM 2009a, 8 & LÜDEMANN 2011, 41).

„Bring Your Own" Computing unterstützt nicht nur die Integration verschiedenartiger Clientgeräte, sondern verringert auch den Administrationsaufwand, da externe Endgeräte oft von ihren Besitzer selbst gewartet werden können. Besonders an Hochschulen besitzen Studenten zum größten Teil eigene mobile Endgeräte, die den Zugriff auf virtuelle Desktops ermöglichen (CITRIX SYSTEMS 2011, 6) und im Rahmen des Blended Learnings verwendet werden können (CITRIX SYSTEMS 2011, 2). Auch an Schulen hat man den Trend zur Integration heterogener User Devices und die damit verbundenen Administrationsvorteile erkannt (BAYERISCHES STAATSMINISTERIUM FÜR UNTERRICHT UND KULTUS, BERATERKREIS FÜR SCHULRECHNER 2012, 16).

Virtuelle Desktops und zentral gespeicherte Daten können nicht nur endgeräteunabhängig, sondern auch zeit- und ortsunabhängig genutzt werden. Per Internetzugriff können Benutzer auch von netzwerkexternen Standorten aus auf ihre Desktops und Daten zugreifen (LÜDEMANN 2011, 41). VPN-Verbindungen ermöglichen es, die notwendige, öffentliche Datenübertragung mit Verschlüsselungstechniken zu sichern (BUYTAERT,

DITTNER, GARCIA, GROTENHUIS, HART, JONES, MAJORS, MULLER, PAYNE, PRIES, ROSEN, RULE, SUMMITT, TEN SELDAM & WILLIAMS 2007, 25). Durch Speichervirtualisierung können benötigte Daten innerhalb eines SANs persistent gespeichert sowie orts- und zeitunabhängig verfügbar gemacht werden (LARISCH 2009a, 4).

Der Einsatz dieser Virtualisierungstechnologie schafft folglich auch für Schüler und Studenten die Möglichkeit, auch außerhalb der Bildungseinrichtungen auf schulische Systemumgebungen und Daten zuzugreifen (IBM GLOBAL EDUCATION 2007, 7).

4.4 Safety und Security

Virtualisierung kann auch einen großen Beitrag zur Sicherheit der Systemumgebung leisten. Da virtuelle Maschinen unabhängig voneinander betrieben werden können, wird es Schadprogrammen erschwert, sich im Netzwerk zu verbreiten. Zudem kann die Rechtevergabe an die Nutzer von Thin Clients zentral verwaltet und auf ein nötiges Minimum reduziert werden (Prinzip der Least Privilege), sodass auch dadurch mögliche Schäden im Angriffsfall reduziert werden können (BRENDEL 2008, 7f.).

Auch in Bildungseinrichtungen können den Schülern und Studenten bestimmte Rechte bezüglich System- und des Internetzugriffsmöglichkeiten zentral vergeben oder vorenthalten werden (CITRIX SYSTEMS 2011, 11). Zum einen können Webseiten mit jugendgefährdenden oder sicherheitskritischen Inhalten blockiert werden, zum anderen werden Hürden zur Installation und Verbreitung schädlicher Software geschaffen.

Ein weiterer Sicherheitsvorteil liegt in der zentralen Versorgung virtueller Maschinen mit neuesten Sicherheitsvorkehrungen. Die Verantwortung der Systemsicherheit verlagert sich innerhalb orchestrierter IT-Systeme zum Großteil auf die virtuellen Maschinen, welche schnell und bequem mit Sicherheitsanwendungen und -updates aus Expertenhand versorgt werden können (CITRIX SYSTEMS 2011, 7 & SAVILL 2012, 410).

Maßnahmen der Client- und Servervirtualisierung helfen zudem, die Verfügbarkeit von IT-Systemen zu erhöhen. Kommt es zu einem Ausfall eines Hostsystems durch schädliche Software oder höhere Gewalt ist es möglich, Backups von virtuellen Maschinen rasch durchzuführen (Live-Backup). Dies hilft, Hochverfügbarkeitsansprüchen annährend gerecht zu werden. Die Voraussetzung dafür ist natürlich das Vorhandensein geeigneter Sicherungskopien. Hierzu dient die Snapshotfunktion, mit welcher vollständige Systemabbildungen von virtuellen Maschinen erzeugt werden können (SAVILL 2012, 460).

4.5   Umweltaspekte

IT-Virtualisierung unterstützt auch aktuelle Trends im Rahmen des Schlagwortes „Green IT". Die aus der Virtualisierung von Servern entstehenden Einsparpotentiale bezüglich des Energiebedarfs für Klimatisierung und Stromversorgung verbessern die Energiebilanz von Rechenzentren (FISCHER 2009, 111). Auch durch die Desktopvirtualisierung können Rechnernetze umweltfreundlicher betrieben werden. Thin Clients sind nur mit den nötigsten Hardwarekomponenten ausgestattet, was im Vergleich zu Fat Clients zu niedrigerem Stromverbrauch, weniger Abwärme und weniger Lärmbelastung aufgrund nicht vorhandener aktiver Lüfter führt. Durch verlängerte Nutzungsdauer der Clients und die Verringerung der Anzahl physische Server erweisen sich virtualisierte Systeme auch bezüglich ihrer Herstellung und ihres Transportaufwandes umweltfreundlicher als vollwertige Client-PCs (BRENDEL 2008, 8).

Die Umweltaspekte sind ebenso für Bildungseinrichtungen relevant, da auch diese dazu aufgerufen werden, einen Beitrag zur umweltfreundlichen Gestaltung von Systemumgebungen zu leisten. Der BERATERKREIS FÜR SCHULRECHNER DES BAYERISCHEN STAATSMINISTERIUMS FÜR UNTERRICHT UND KULTUS (2012) weist in seinem aktuellen Votum darauf hin, Ansätze der „Green IT" durch effiziente Gebäudeplanung, Serverreduzierung, umweltfreundliche Clients und umweltgeprüfte Elektronik in die schulischen Planungen einfließen zu lassen (BAYERISCHES STAATSMINISTERIUM FÜR UNTERRICHT UND KULTUS, BERATERKREIS FÜR SCHULRECHNER 2012, 5)

5. Einschränkungen durch Client- und Servervirtualisierung

Die Virtualisierung von Client- und Server-Strukturen bietet viele nutzbare Potentiale. Jedoch stellen sich diese Nutzenvorteile nicht automatisch ein und müssen gegenüber möglichen Einschränkungen abgewogen werden (RUNGE, STURM, WIßKIRCHEN, EBEL, GROH, HÖLLER & MEWES 2009, 81f.). Bei der Planung von Virtualisierungsprojekten müssen daher folgende Risiken beachtet werden:

5.1 Safety und Security

Trotz eingeschränkter Benutzerrechte und Systemzugriffspunkte konnten in den vergangenen Jahren Schadprogramme in Form von Malware oder Rootkits entwickelt werden, die ihre bösartige Wirkung auch in virtuellen Rechnernetzen entfalten konnten (RUNGE, STURM, WIßKIRCHEN, EBEL, GROH, HÖLLER & MEWES 2009, 94). Nicht außer Acht gelassen werden darf auch die weiterhin bestehende Gefahr eines physischen Hardwareversagens.

Ist ein bösartiger Angriff auf einen Virtualisierungshost erfolgreich, können Single Point of Failure-Szenarien entstehen. Fällt ein Wirtssystem im Rahmen einer Attacke, durch Einwirken höherer Gewalt (bspw. Wasserschäden) oder durch Hardwaredefekte (bspw. elektrische Kurzschlüsse) aus, so sind folglich auch die gehosteten virtuellen Maschinen und Dienste betroffen. Daher sind redundante Systeme und effiziente Ausfallkonzepte bei der Virtualisierung zwingend einzuplanen (AHNERT 2009, 29).

In Virtualisierungsumgebungen ohne umfassende Disaster Recovery-Lösungen oder fehlenden Reserveserver sind virtuelle Maschinen abhängig von der Verfügbarkeit ihres Hosts. Kleinere IT Schulungsumgebungen, in denen virtuelle Desktops oder Anwendungen nur auf einem einzigen Server betrieben werden, sind von Ausfällen des Wirtssystems extrem beeinträchtigt. Erliegt beispielsweise der schulische Virtualisierungshost, so sind auch die Schüler-Desktops bis zur Wiederherstellung des Servers nicht mehr verfügbar. Dies stellt besonders in Prüfungssituationen ein potentielles Risiko dar.

5.2 Hard- und Softwareunterstützung

Es ist ebenfalls zu beachten, dass bestimmte Anwendungen nicht oder nur mit größeren Performanceeinbußen virtualisiert werden können (BRENDEL 2008, 10).

Nicht alle Programme sind darauf ausgelegt, sich überhaupt in virtuelle Systemumgebungen integrieren zu lassen. Software, die grundsätzlich virtuell betrieben werden kann, muss allerdings vor der Durchführung einer VDI-Realisierung ebenfalls kritisch analysiert werden. Aufgrund der netzwerkbasierten Datenübertragung zwischen Client und Host ist in diesem Zusammenhang der Datenverkehr zur Übermittlung an die Endgeräte von großer Relevanz. Sehr rechenintensive oder graphisch anspruchsvolle Anwendungen können den Netzwerk-Traffic in hohem Umfang beanspruchen, sodass es zu Engpässen in der Datenübermittlung kommen kann. Folglich leidet die Performance der gesamten virtuellen Desktopinfrastruktur darunter (BRENDEL 2008, 10).

Auch bezüglich des Hardwareeinsatzes müssen einige Faktoren beachtet werden: Nicht jede Art von Hardwareressourcen wird von virtuellen Maschinen unterstützt. Dies betrifft beispielsweise den Zugriff virtueller Maschinen auf Hardware-Dongles, ISDN-Karten oder TV-Karten (AHNERT 2009, 28).

Viele komplexe Virtualisierungslösungen wie Microsoft Hyper-V (RADONIC 2011a, 84) benötigen spezielle Virtualisierungsprozessoren und 64-Bit-Hardware, um eingesetzt werden zu können (RADONIC 2011a, 84 & SOMMERGUT 2011, 70). Ferner muss beachtet werden, dass der clientseitige Zugriff auf virtuelle Desktops verlässliche Netzwerkverbindungen benötigt (BRENDEL 2008, 10).

Diese Einflussfaktoren betreffen in Bildungseinrichtungen nicht nur stationäre Clients und Server, sondern auch die Anbindung externer Endgeräte von Schüler und Studenten.

5.3 Performance

Auch die Beeinträchtigung der Systemperformance muss bei der Virtualisierungsentscheidung kritisch betrachtet werden (ZIMMER, WÖHRMANN, SCHÄFER, BAUMGART, ALDER, KÜGOW & BRUNNER 2012, 36). Durch ihre Architektur sind virtuelle Systeme grundsätzlich anfällig für leistungsmindernde Einflussfaktoren (Fischer 2009, 230), da die virtuellen Maschinen nicht direkt auf der Hardware ihres Wirtes arbeiten, sondern eine Vermittlungsschicht in Form von Hypervisoren nutzen (FISCHER 2009, 230). Bei

Hosted Hypervisoren ist mit einem Leistungsschwund von zwei bis 25 Prozent zu rechnen, Bare Metal Hypervisoren benötigen zwischen 0,1 und fünf Prozent der Hostleistung (WÖHRMANN 2011, 17f.). Nur spezielle Virtualisierungsprozessoren wie Intel VT-x- oder AMD-V-Modelle sind dafür konzipiert, diesen Leistungseinbußen entgegenzuwirken (FISCHER 2009, 230f.). Weitreichendere Performanceprobleme können durch zeitweilige Leistungsspitzen entstehen (ZIMMER, WÖHRMANN, SCHÄFER, BAUMGART, ALDER, KÜGOW & BRUNNER 2012, 36). Wenn beispielsweise zu Stundenbeginn mehrere Schüler oder Schulklassen ihre virtuellen Desktops zeitgleich starten oder virtualisierte Anwendungen simultan aufrufen, kommt es zu Leistungsspitzen auf dem Hostsystem. In Hochlastsituationen kann es dazu kommen, dass die Responsezeit der virtuellen Maschinen kontinuierlich ansteigt und somit lange Verarbeitungszeiten entstehen.

5.4 Migrationsaufwand und Administration

Die Umstellung physischer Client-/Serverstrukturen zu virtualisierten Systemen bringt einen hohen initialen Aufwand mit sich. Auf den Hostsystemen müssen Hypervisoren installiert, Masterimages erstellt, zu virtualisierende Systeme migriert und eine effiziente Nutzung von Lizenzen analysiert werden. Bei der Migration kleiner Systemumgebungen – wie beispielsweise bei der Virtualisierung nur weniger schulischer Desktops – kann es durchaus dazu kommen, dass der Nutzen in negativem Verhältnis zu den entstandenen Aufwänden liegt (RUNGE, STURM, WIßKIRCHEN, EBEL, GROH, HÖLLER & MEWES 2009, 98f.). Eine detaillierte Kosten-/Nutzenanalyse sollte aus oben genannten Gründen allerdings auch bei größeren Virtualisierungsprojekten im Vorfeld durchgeführt werden, da auch bei steigender Clientzahl ein angemessenes Wachstum physischer Hosts und Backup-Lösungen notwendig ist (BRENDEL 2008, 10).

Die ohnehin schon stetig steigenden Know-how-Ansprüche an die schulischen Systembetreuer (BAYERISCHES STAATSMINISTERIUM FÜR UNTERRICHT UND KULTUS, BERATERKREIS FÜR SCHULRECHNER 2011, 10f.) werden durch virtuelle Strukturen zusätzlich vergrößert. Client- und Servervirtualisierung erweitern das breite Aufgabengebiet der IT-Systemadministration durch nötiges Wissen über den Betrieb und das Hosting virtueller Maschinen. Zudem muss der Überblick über die gestiegene Systemkomplexität gewahrt werden (RUNGE, STURM, WIßKIRCHEN, EBEL, GROH, HÖLLER & MEWES 2009, 91).

6.   Mehrwert in Bildungseinrichtungen

Die Virtualisierung von Client- und Serverstrukturen bietet viele Chancen, auch in Bildungseinrichtungen Nutzenvorteile durch die Senkung der Total Cost of Ownership, erleichterte und dynamische Administration, gesteigerte Systemsicherheit und umwelt-schonende Einsatzmöglichkeiten zu erzielen (IBM GLOBAL EDUCATION 2007, 6ff.). Den in Kapitel 5 dargestellten Risiken können zwar durch solides Management in der Planung, im Betrieb sowie mittels durchdachten Backupkonzepten entgegengewirkt werden. Trotzdem können potentielle Gefahren nie vollständig eliminiert werden (RUNGE, STURM, WIßKIRCHEN, EBEL, GROH, HÖLLER & MEWES 2009, 91ff.).

In diesem Kapitel möchte ich aufzeigen, welche zusätzlichen Aspekte für Bildungsein-richtungen im Speziellen dafür sorgen können, trotz der erwähnten Einschränkungen auf Client- und Servervirtualisierung zu setzen.

6.1   One-to-one Computing

One-to-one Computing bedeutet, dass jedem Schüler und Studenten jeweils ein elektro-nisches Endgerät zu Verfügung gestellt wird (LEHMANN & LIVINGSTON 2011, 75). Dieser weitgreifende Ansatz verspricht viele Möglichkeiten bezüglich der Unterrichts-gestaltung und der Verknüpfung von Lerninhalten und deren praktischer Anwendung in der Datenverarbeitung (LEHMANN & LIVINGSTON 2011, 82). Auch in bayerischen Schulen genieße Notebook-Klassen zunehmende Popularität (BAYERISCHES STAATSMINISTERIUM FÜR UNTERRICHT UND KULTUS, BERATERKREIS FÜR SCHULRECHNER 2012, 8).

Die Bereitstellung eines Clientgerätes für jeden Schüler oder Studenten stellt allerdings eine schier unmögliche Aufgabe dar, da die damit verbundenen Anschaffungskosten und Administrationsaufwendungen in den allermeisten Fällen nicht durch das verfügbare Budget und Personal abgedeckt werden können (CITRIX SYSTEMS 2011, 4).

Clientvirtualisierung adressiert diese Hürden durch die Bereitstellung virtueller Desk-tops in Verbindung mit „Bring Your Own" Computing. Besonders in höheren Jahr-gangsstufen und an Hochschulen besitzt ein Großteil der Schüler und Studenten eigene mobile Endgeräte wie Notebooks, Smartphones oder Tablet-PCs (CITRIX SYSTEMS 2011, 3).

Die Verwendung dieser Geräte im Unterricht bietet mehrere Vorteile für Bildungseinrichtungen und Schüler oder Studenten:

Durch die Nutzung bereits vorhandener schulexterner Geräte entfallen die Kosten für
die Neuanschaffung von Clients. Somit ergibt sich die Möglichkeit, one-to-one Computing-Ansätze zu realisieren und dabei das Budget der Bildungseinrichtungen, Schüler,
Studenten oder Erziehungsberechtigten zu entlasten (CITRIX SYSTEMS 2011, 4ff.).

Die Bereitstellung von virtuellen Desktops bietet zusätzlich den Vorteil, dass die
Anwender schulische Software auf ihren vertrauten Geräten nutzen können ohne dafür
eigene Nutzungslizenzen erwerben zu müssen. Die schulischen Anwendungen können
zentral auf den virtuellen Desktops im Rahmen von clientunabhängigen Volumenlizen-
zen installiert werden. Die Schüler und Studenten genießen dadurch den Vorzug, diese
Anwendungen auch im privaten Umfeld von einem Endgerät ihrer Wahl nutzen zu können (CITRIX SYSTEMS 2011, 8).

6.2   Mobile Computing

Die Umsetzung virtualisierter IT-Systeme eröffnet Bildungseinrichtungen zudem die
Möglichkeit der orts- und zeitungabhängigen Nutzung virtueller Maschinen im persön-
lichen Lernumfeld (CITRIX SYSTEMS 2011, 2).

Schüler und Studenten können mit verschiedenen Endgeräten auf ihre individuellen
Desktops zugreifen (vgl. Kapitel 6.1). Dies ermöglicht zum einen, dass die Benutzer
auch bei innerschulischen Raumwechseln in ihrer gewohnten Desktopumgebung wei-
terarbeiten können. Zum anderen wird die Möglichkeit geschaffen, auch außerhalb der
Bildungseinrichtungen auf individuelle Lernumgebungen zuzugreifen (IBM GLOCAL
EDUCATION 2007, 6ff.).

Mittels durch Netzwerkvirtualisierung geschaffenen VPN-Verbindungen können siche-
re Verbindungen mit dem Schulnetzwerk über das öffentliche Internet hergestellt
werden (BUYTAERT, DITTNER, GARCIA, GROTENHUIS, HART, JONES, MAJORS, MULLER,
PAYNE, PRIES, ROSEN, RULE, SUMMITT, TEN SELDAM & WILLIAMS 2007, 25). Ein stän-
diger Betrieb des Virtualisierungs-Servers stellt schulische Systeme rund um die Uhr
bereit, sodass die virtuellen Desktops jederzeit verfügbar sind (CITRIX SYSTEMS 2011,
10). Die Lernenden haben somit die Möglichkeit, von einem Standort ihrer Wahl per
Netzwerkverbindung innerhalb ihrer hochverfügbaren Lernumgebungen zu arbeiten.

In Kombination mit Speichervirtualisierungslösungen können auch größere Datenmen-
gen effizient bereitgestellt sowie persistent über ein schulisches/universitäres SAN
gesichert werden (LARISCH 2009a, 4).

In Abb. 14 ist ein Modell eines hochverfügbaren virtuellen Hochschul- bzw. Schulnetzwerkes abgebildet:

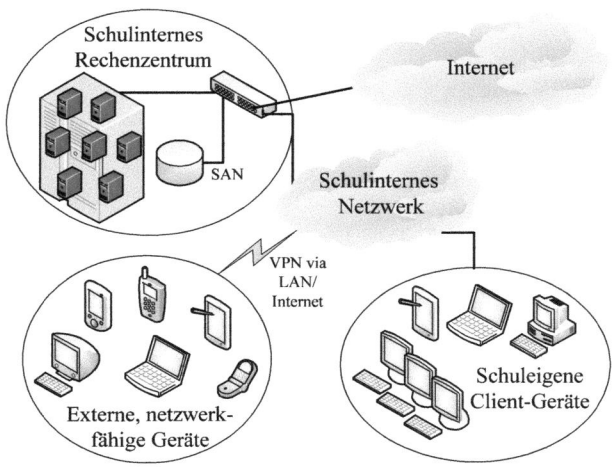

Abb. 14: Beispiel eines virtualisierten Schulnetzwerkes
(IBM Global Education 2007, 8)

7. Realisierbarkeit virtueller Desktopinfrastrukturen im Didaktischen Forschungs- und Transferzentrums der Universität Bamberg

In diesem Kapitel möchte ich untersuchen, ob Client- und Servervirtualisierung im praktischen Einsatz in Bildungseinrichtungen effizient realisiert werden können. Hierfür wird eine Virtualisierungslösung für das Didaktische Forschungs- und Transferzentrum (DFTZ) des Lehrstuhls für Wirtschaftspädagogik an der Otto-Friedrich-Universität Bamberg analysiert.

Das Didaktische Forschungs- und Transferzentrum ist mit elf Fat Clients ausgestattet. Im Rahmen dieses Projekts ist es zudem möglich, drei weitere Arbeitsplatzcomputer für studentische Hilfskräfte zu virtualisieren. Es werden dabei die grundsätzliche Eignung der IT-Umgebung geprüft, mögliche Virtualisierungslösungen betrachtet und die Rentabilität dieses Virtualisierungsprojektes diskutiert.

7.1 Ausgangssituation

Im Didaktischen Forschungs- und Transferzentrum (Raum Kä7/00.14) des Lehrstuhls für Wirtschaftspädagogik an der Universität Bamberg sind aktuell elf Client-PCs (Intel Core i3 Prozessor, 8 GB RAM Arbeitsspeicher) im Einsatz. Zehn davon werden von Seminarteilnehmern genutzt, ein Dozenten-PC dient zur Präsentation von Seminarinhalten. Alle Rechner im DFTZ wurden vor knapp zwei Jahren neu beschafft und basieren auf einer Cloneversion des Rechenzentrums der Universität. Auf ihnen sind übliche Office-Anwendungen wie die Office-Pakete von Microsoft und Libre, Antivirenprogramme, Browser, Mediaplayer sowie die Statistik-Software SPSS und das Literaturverwaltungsprogramm Citavi installiert. Der Dozentenclient ist zudem für den Einsatz der Präsentationsmedien konfiguriert und insbesondere direkt mit einem Smartboard verbunden. Die Benutzer können sich an allen elf PCs entweder in der Rolle des Studenten oder des Dozenten anmelden.

Im Büro für studentische Hilfskräfte im Raum Kä7/01.23 befinden sich drei Rechner (Intel-Core 2 Duo Prozessor, 2 GB RAM Arbeitsspeicher), die ungefähr vor sechs Jahren beschafft wurden. Diese basieren auf einem eigenen Clone, der die Anwendungen des DFTZ-Clones um die ERP-Software Microsoft Dynamics sowie die Video- und Textanalyse-Tools MaxQDA und Videograph erweitert. Zusätzlich ist an allen drei Clients ein Netzwerkdrucker installiert. Studentische Hilfskräfte melden sich über einen Hilfskräfte-Account an.

Im Serverraum des Lehrstuhls für Wirtschaftspädagogik (Kä7/00.25) befinden sich derzeit zwei Server. Regelmäßige Datensicherungen werden mit externen Speichermedien durchgeführt. Alle betrachteten Räume sind über ein hausinternes 1-Gbit/s-Ethernet in das Universitätsnetzwerk integriert.

7.2   Virtualisierungskonzept

Zur Umsetzung erscheinen die Desktopvirtualisierung und die Presentationvirtualisierung aufgrund ihrer Charakteristik am geeignetsten (vgl. Kapitel 3.2 und 3.4). Eine virtuelle Desktop-Infrastruktur erweist sich im Allgemeinen zwar als administrationsaufwändiger im Vergleich zu Terminalservices, bietet in der Regel allerdings eine bessere Performancewerte (QUACK 2012). Im Seminareinsatz ist es durchaus möglich, dass Sitzungen zeitgleich gestartet werden. Simultane – und dadurch performancekritische – Aufrufe wirken bei der Desktopvirtualisierung nur auf die jeweiligen virtuellen Maschinen ein. Dagegen würde in Terminal Server-Szenarien die Leistung der gesamten virtuellen IT-Umgebung negativ beeinträchtigt werden. Zudem erleichtert die Desktop-virtualisierung das Erstellen verschiedener Systemkonfigurationen (QUACK 2012). Dies gewährt die Freiheit, flexibel mehrere Systemumgebungen für spezielle Seminareinsätze anzubieten. Ferner können die vorhandenen Microsoft Windows-Lizenzen weiterhin genutzt werden (QUACK 2012). Aus diesen Gründen wird im Folgenden die Realisierung durch virtuelle Desktops weiter betrachtet.

Die benötigten Clientanwendungen sind in beiden Räumen nicht sehr rechenintensiv und graphisch nicht sonderlich anspruchsvoll, sodass der Datenein- und -ausgabetransfer über das 1-Gbit/s-LAN kein Hemmnis darstellt.

Zur Desktopvirtualisierung im DFTZ kommen zehn der elf Fat Clients in Frage. Der Dozentenrechner soll nicht virtualisiert werden, da dieser unabhängig betrieben und weiterhin direkt mit den Präsentationsmedien verbunden sein soll. Die zu virtualisierenden Clientgeräte könnten weiter eingesetzt werden oder alternativ durch ältere PCs von Lehrstuhlmitarbeitern ausgetauscht werden.

Im Büro für studentische Hilfskräfte könnten alle Fat Clients virtualisiert werden. Das hätte den Vorteil, dass die ohnehin schon relativ alten PCs im Zuge der Desktopvirtualisierung noch etwa zwei bis drei Jahre länger eingesetzt werden könnten, sodass sich der Investitionszeitpunkt für Neugeräte entsprechend verschieben würde.

Da die beiden Server im Serverraum zu wenig freie Kapazitäten für das Hosting von 13 Desktops aufweisen, ist eine Neuanschaffung nötig. Dieser Virtualisierungs-Server könnte zusätzlich als Backup-Lösung für die bereits vorhandenen Server eingesetzt werden und somit die Datensicherung über externe Medien ersetzen.

Die virtuellen Desktops sollen nur auf den Clients im DFTZ und im Büro der studentischen Hilfskräfte verfügbar sein. Mit Beendigung der Desktopsitzung eines Seminarteilnehmers oder Dozenten soll der ursprüngliche Systemzustand der virtuellen Maschinen automatisch durch Snapshots wiederhergestellt werden.

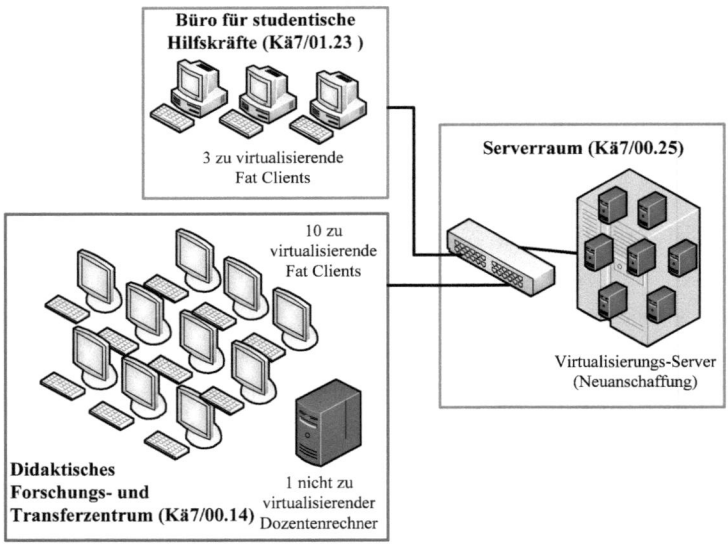

Abb. 15: Virtualisiertes Modell
(eigene Darstellung)

7.3 Wahl der Virtualisierungslösungen

Zur Realisierung dieser virtuellen Desktop-Infrastruktur möchte ich im Folgenden potentielle Virtualisierungslösungen analysieren. Hierfür wird einerseits Software zur Desktopvirtualisierung auf den Clients und andererseits eine Hypervisorlösung für die Bereitstellung der virtuellen Desktops auf dem Server benötigt.

Zuerst möchte ich mittels einer Nutzwertanalyse mögliche Desktop-Anwendungen betrachten. Dabei beschränke ich mich auf die in Kapitel 3.2.2 beschriebenen Lösungen der vier vorgestellten Anbieter. Bei der Bewertung setze ich den Fokus verstärkt auf den Funktionsumfang und die Performanceleistung sowie die Lizenzmodelle der jeweiligen Alternative.

Da sich Citrix XenClient von Citrix XenDesktop im Allgemeinen nur durch seinen im Rahmen der hier betrachteten Systemuntersuchung nicht relevanten Offline-Charakter unterscheidet (RADONIC 2011b, 41ff.), möchte ich auf die Analyse dieser Anwendung verzichten.

Produkt / Kriterium	Gewich-tung (g)	VMWare View		Citrix Xen Desktop		Citrix VDI-In-A-Box		Oracle VDI	
		n	g * n	n	g * n	n	g * n	n	g * n
Kosten & Li-zenzmodell	0,3	1	0,3	2	0,6	3	0,9	3	0,9
Bediener-freundlichkeit	0,2	2	0,4	3	0,6	3	0,6	3	0,6
Funktionen & Performance	0,4	4	1,6	2	0,8	4	1,6	3	1,2
Kompatibilität	0,1	3	0,3	3	0,3	3	0,3	4	0,4
Summe	1		2,6		2,3		3,4		3,1
Rang			**3**		**4**		**1**		**2**

Tab. 1: Nutzwertanalyse[1] zu Desktopvirtualisierungslösungen
(eigene Darstellung)

---

[1] Scorewert n ∈ {1 (niedrigsten Bewertung), 2, 3, 4 (höchstmögliche Bewertung)}

VMWare View bietet eine Vielzahl an Funktionen, ist im Vergleich zu den anderen Alternativen aber sehr teuer (AHNERT 2009, 81f. & VMWARE 2013b). Citrix Xen Desktop unterstützt alle gängigen Betriebssysteme, der Funktionsumfang ist jedoch sehr vom gewählten Lizenzmodell abhängig (LIEBISCH 2010, 86f.). Oracle VDI ist zu vielen verschiedenen Betriebssystemen kompatibel und benutzerfreundlich gestaltet (HÜLSENBUSCH 2010 & DIEDRICH 2009). Citrix VDI-In-A-Box erzielt den höchsten Nutzwert durch gute Performancewerte, hohen Funktionsumfang sowie flexible Lizensierung (O'GARA 2012) und wird deshalb als mögliche Lösung zur Desktopvirtualisierung gewählt.

Citrix VDI-In-A-Box unterstützt alle im Kapitel 3.1.3 vorgestellten Servervirtualisierungslösungen zum Einsatz in physischen Netzwerken. Ausgehend davon möchte ich mich auf die kostenlosen Hypervisoren VMWare Server, Microsoft Virtual Server und Citrix XenServer beschränken.

Die kostenfreie Version von Citrix XenServer deckt beispielsweise die Funktionsanforderungen durch Tools zur Live-Migration sowie zur Snapshot-Verwaltung ab (CITRIX SYSTEMS 2013b) und bietet die Möglichkeit, alle Virtualisierungslösungen vom selben Anbieter zu beziehen. Im Folgenden wird also die Virtualisierung durch die Produkte Citrix VDI-In-A-Box und Citrix XenServer weiter untersucht.

7.4 Kostenermittlung

Im nächsten Schritt möchte ich die Migrationskosten sowie die Einsparpotentiale im laufenden Betrieb betrachten, die durch die Umsetzung der Desktopvirtualisierung entstehen würden.

Zur Realisierung wird ein neuer Server benötigt (vgl. Kapitel 7.2). Als Kostenanhaltspunkt dient die letzte Serveranschaffung des Lehrstuhls für Wirtschaftspädagogik aus dem Jahr 2010. Ein leistungsstarkes Neugerät dürfte in etwa im gleichen preislichen Rahmen von 6.088,04 € (inkl. Umsatzsteuer) liegen. Da die vorhandenen PCs weiterhin genutzt werden können, sind Clientneuanschaffung nicht notwendig. Die Hypervisorlösung Citrix XenServer Free ist kostenlos nutzbar. Die einmalige Nutzungsgebühr für Citrix VDI-In-A-Box-Lizenzen liegt bei 1.723,68 € (inkl. Umsatzsteuer) pro 10er-Lizenz (CITRIX SYSTEMS 2013c). Da 13 Clients in die VDI eingebunden werden sollen, werden zwei 10 Packs benötigt.

Es wird mit einem durchschnittlichen Stundenlohn von 45,00 € kalkuliert. Die System-migration umfasst die komplette Installation und Konfiguration des Servers, die Migra-tion der Fat Clients, die Erstellung eines Masterimages, das Deployment der virtuellen Maschinen, die Einbindung des Netzwerkdruckers sowie die Integration einer Backuplösung für die beiden bereits vorhandenen Server. Hierfür wird mit einem ge-schätzten Arbeitsaufwand von insgesamt 1,5 Personenwochen (entspricht 60 Personen-stunden) kalkuliert. Zusätzlich dazu ist ein Testlauf mit 8 Personenstunden vorgesehen. Somit ergeben sich folgende, einmalige Kosten zur Migration der IT-Umgebung:

	Anzahl	Einzelpreis (inkl. USt.)	Gesamtpreis (inkl. USt)
Hard- und Software			
Neuanschaffung Virtua-lisierungs-Server HP ProLiant ML	1	6.088,04 €	6.088,04 €
Lizensierung Citrix VDI-In-A-Box (10 Pack)	2	1.723,68 €	3.447,36 €
Summe Hard- und Software			*9.535,40 €*
Migrationsaufwand			
Systemmigration	60	45,00 €	2.700,00 €
Testlauf	8	45,00 €	360,00 €
Summe Migrationsaufwand			*3.060,00 €*
Gesamte Migrationskosten			*12.595,40 €*

Tab. 2:   **Kostenanalyse zur Systemmigration**
          (eigene Darstellung)

Den geschätzten Migrationskosten sind mögliche Einsparungen der Total Cost of Ownership entgegenzusetzen. Für die Administration der aktuellen Client-/Server-Umgebungen wird monatlich circa eine Personenstunde je PC benötigt. Dies ergibt bei dreizehn zu virtualisierenden Clients einen jährlichen Administrationsaufwand von 156 Personenstunden, bzw. 7.020,00 € bei einem angenommenen Stundensatz von 45,00 €.

Im Vergleich dazu wird für die Wartung und den Betrieb der virtualisierten Systemum-gebungen mit folgendem Arbeitsaufwand kalkuliert: Die Wartung eines Clientgerätes benötigt etwa eine Personenstunde pro Jahr. Für die Administration des Servers sind monatlich zwei Personenstunden nötig. Der Aufwand für die Wartung und Konfiguration der virtuellen Desktops wird auf acht Personenstunden pro Monat geschätzt. Somit entsteht ein jährlicher Administrationsbedarf von 133 Personenstunden, bzw. 5.985,00 €. Die Lizensierung zur Betriebssystemnutzung in virtuellen Systemumgebungen ist durch die Nutzung einer Campuslizenz von Microsoft VDA abgedeckt. Wegen die verlängerten Einsatzzeit der Client-PCs von sechs auf acht Jahren wird eine Minderung der jährlichen kalkulatorischen Abschreibungskosten von 28,50 € pro Client angenommen (entspricht 370,50 € pro Jahr bei 13 Clients). Somit ergeben sich folgende jährliche Betriebs- und Nutzungskosten des VDI-Ansatzes:

	PS/Monat	PS/Jahr	Betrag
Administrationskosten			
Clientadministration	1,08	13,00	585,00 €
Serveradministration	2	24,00	1.080,00 €
Desktopadministration	8	72,00	4.320,00 €
Jährliche Systemadministrationskosten		*133,00 PS*	*5.985,00 €*
abzüglich Minderung der kalkulatorischen Abschreibung			*370,50 €*
Jährliche Total Cost of Ownership			**5.614,50 €**

Tab. 3:   **Ermittlung der TCO im VDI-Szenario**
(eigene Darstellung)

Aus diesen Berechnungen ergibt sich eine kalkulierte Einsparung der IT-Betriebskosten von 1.405,50 € (Tab. 4).

Total Cost of Ownership Client-/Server	*7.020,00 €*
abzüglich Total Cost of Ownership VDI	5.614,50 €
Jährliche TCO-Einsparung durch VDI	***1.405,50 €***

Tab. 4:   **Ermittlung der jährlichen Kostenersparnis**
(eigene Darstellung)

Folglich beträgt die Amortisationszeit *t* 8,96 Jahre:

$$t = \frac{Migrationskosten}{J\ddot{a}hrlicheTCO - Einsparung} = \frac{12.595,40€}{1.405,50€} = \textbf{8,96 (Jahre)}$$

7.5 Bewertung

Diese Analyse bestätigt, dass virtuelle Systeme zur Senkung der Betriebskosten und des Administrationsaufwand beitragen können und damit einen Ansatzpunkt zur Effizienzsteigerung von IT-Systemen in Bildungseinrichtungen darstellen. Die Virtualisierung der Desktops im Didaktischen Forschungs- und Transferzentrum der Universität Bamberg würde die IT-Betriebs- und Wartungskosten um etwa 20 Prozent reduzieren. Der zeitliche Administrationsaufwand kann um 23 Personenstunden, bzw. rund 15 Prozent verringert werden (siehe Abb. 16).

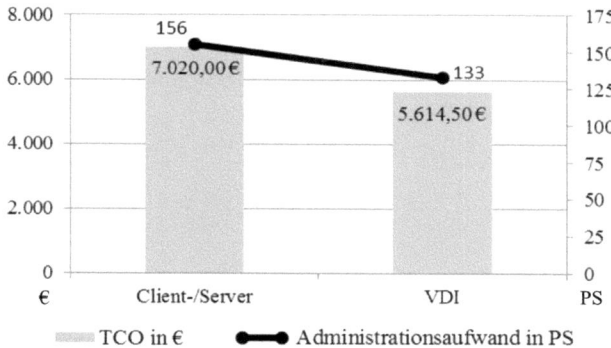

Abb. 16: Vergleich der TCO und des Administrationsaufwandes (eigene Darstellung)

Dem stehen mit knapp 13.000,00 € jedoch relativ hohe Anschaffungskosten gegenüber. Die Amortisationszeit weißt mit neun Jahren einen hohen Wert auf. Aufgrund des schnelllebigen Charakters von informationsverarbeitenden Systemen ist dieses IT-Projekt meines Erachtens als unrentabel einzuschätzen.

Der Hauptgrund hierfür sind die hohen Migrationskosten im Verhältnis zum Einsparungspotential. Diese Diskrepanz hängt in erster Linie von der niedrigen Client-Anzahl ab. Die Virtualisierung mehrerer Endgeräte würde wohl zu ansteigenden Kostenvorteilen führen und somit die Amortisationszeit verkürzen. Es ist jedoch zu beachten, dass ein ausgewogenes Verhältnis von Virtualisierungs-Servern und virtuellen Maschinen gewahrt werden muss, um die Systemperformanz nicht negativ zu beeinträchtigen (BRENDEL 2008, 10).

Diesen Berechnungen ist hinzuzufügen, dass Energiekosten nicht berücksichtigt werden konnten, weil die nötige Datenbasis dazu nicht vorhanden war, bzw. Einsparpotentiale schwer einzuschätzbar waren. Da die Fat Clients im virtualisierten Betrieb weniger Ressourcenlast ausgesetzt sind, würde deren Energiebedarf sinken. Allerdings muss der zusätzliche Virtualisierungs-Server mit Strom versorgt werden, sodass wohl keine signifikanten Kostenvorteile absehbar sind.

Nicht quantifizierbare Faktoren konnten ebenfalls nicht erfasst werden. Die neugeschaffene Möglichkeit für die Datensicherung der vorhandenen Server, der umweltschonende Betrieb und die gestiegene Systemsicherheit bilden einen zusätzlichen Mehrwert durch die Desktopvirtualisierung, der sich nicht in monetären Werten ausdrücken lässt.

Unter Berücksichtigung der quantitativ nicht betrachteten Faktoren entstünden durch die Desktopvirtualisierung im Didaktischen Forschungs- und Transferzentrum zwar zusätzliche Vorteile. Jedoch ist die Durchführung dieses Projektes aufgrund der langen Amortisationszeit meines Erachtens nicht empfehlenswert.

8. Fazit

Die Client- und Servervirtualisierung bietet viele Möglichkeiten, IT-Ressourcen verschiedener Art effizient zu betreiben. Durch den Einsatz einzelner oder kombinierter Virtualisierungstechnologien ergeben sich häufig Chancen zur Optimierung von Systemumgebungen. Virtuelle Systeme können administrationsfreundlich, flexibel, sicher und umweltfreundliche betrieben werden.

Vor der Realisierung eines Virtualisierungsprojektes müssen allerdings verschiedene Risikofaktoren überprüft werden, um die Schaffung eines betrieblichen Mehrwertes nicht zu gefährden.

Auch in Bildungseinrichtungen bietet die Virtualisierung viele Ansatzpunkte zur Verbesserung der IT-Systemumgebungen. Gerade in Hinblick auf die eingangs dargestellte Problematik ansteigender IT-Ausstattung in schulischen Einrichtungen bieten virtuelle Strukturen einige Möglichkeiten, kosten- und aufwandsreduzierend eingesetzt zu werden.

Zusätzlich zu den genannten Vorteilen schafft die Client- und Servervirtualisierung weitere Potentiale, IT-Systeme umfänglicher in schulische bzw. hochschulische Lernprozesse einzubinden. Zum einen können One-to-one Computing-Ansätze kostengünstig in den Unterricht integriert werden. Zum anderen wird die Gelegenheit geschaffen, persönliche Lernumgebungen orts-, zeit- und endgeräteunabhängig zu Verfügung zu stellen.

Insbesondere Desktop- und Servervirtualisierungstechnologien stellen für Bildungseinrichtungen leistungsstarke Alternativen zu „klassischen" Client-/Server-Architekturen dar.

Diese Vorteile lassen sich allerdings nicht per se erzielen. Das in Kapitel 7 untersuchte Virtualisierungsszenario belegt, dass Systemmigrationen nicht in allen Fällen rentabel umsetzbar sind. Um virtuelle Systeme vorteilhaft zu gestalten, muss besonders darauf geachtet werden, ein ausgewogenes Verhältnis von Wirts- und Gastsystemen zu berücksichtigen. Somit können einerseits Migrationskosten auf mehrere Clients verteilt und andererseits gute Performancewerte gewahrt werden.

Größenvorteile bei der Migration und im Betrieb könnten zusätzliche Chancen zur Effizienzsteigerung schulischer IT-Systeme schaffen. Vor diesem Hintergrund wäre es aufschlussreich zu klären, inwieweit schulübergreifende Systemumgebungen bzw. die Inanspruchnahme von Cloud-Lösungen unter Gesichtspunkten des Datenschutzes dazu beitragen können, Skaleneffekte zu ermöglichen.

Abschließend bleibt festzuhalten, dass die Virtualisierung auf Client- und Serverebene viele Möglichkeiten bietet, Rechnersysteme in Bildungseinrichtungen effizient zu betreiben und IT-Ressourcen in Lernprozesse zu integrieren. Allerdings müssen Risiken und Einschränkungen im Vorfeld von Virtualisierungsmaßnahmen zwingend analysiert werden.

Literaturverzeichnis

AHNERT, Sven (2009): Virtuelle Maschinen mit VMWare und Microsoft. (Addison-Wesley) München, Boston, San Francisco, Harley, Don Mills, Ontario, Sydney, Mexico City, Madrid & Amsterdam.

ANDERSON, Christa & GRIFFIN, Kristin L. (2009): Microsoft Windows Server 2008 - Terminaldienste. (Microsoft Press) Unterschleißheim.

BARRETT, Diane & KIPPER, Gregory (2010): Virtualization and Forensics. (Syngress) Amsterdam, Boston, Heidelberg, London, New York, Oxford, Paris, San Diego, San Francisco, Singapore & Tokyo.

BAUMEISTER, Johann (2011): VMWare vCloud – Neue Produkte und Services für die Wolke. In: ECKERT, Michael (Hrsg.): Ratgeber Virtualisierung und Cloud Computing. (IDG Business Media) München, 339-345.

BAYERISCHES STAATSMINISTERIUM FÜR UNTERRICHT UND KULTUS, BERATERKREIS FÜR SCHULRECHNER (2012): Votum 2012. Empfehlungen zur IT-Ausstattung von Schulen. (Bayerisches Staatsministerium für Unterricht und Kultus) München, http://www.schule.bayern.de/votum/Votum.pdf, Oktober 2012.

BAYERISCHES STAATSMINISTERIUM FÜR UNTERRICHT UND KULTUS, BERATERKREIS FÜR SCHULRECHNER (2011): Votum 2011. Empfehlungen zur IT-Ausstattung von Schulen. (Bayerisches Staatsministerium für Unterricht und Kultus) München, http://www.schule.bayern.de/votum/Votum_2011.pdf, Dezember 2011.

BECKER, Dirk (2009): VirtualBox. (Galileo Press) Bonn.

BITKOM (2009a): Leitfaden Server-Virtualisierung. Teil 1: Business Grundlagen. (Bundesverband Informationswissenschaft, Telekommunikation und neue Medien e. V.) Berlin, http://www.bitkom.org/files/documents/virtualisierung_nov_2009_T1.pdf, 22.12.2009.

BITKOM (2009b): Leitfaden Server-Virtualisierung. Teil 2: Design, Deployment und Betrieb. (Bundesverband Informationswissenschaft, Telekommunikation und neue Medien e. V.) Berlin, http://www.bitkom.org/files/documents/virtualisierung_nov_2009_T2.pdf, 22.12.2009.

BITKOM (2009c): Leitfaden Server-Virtualisierung. Teil 4: Glossar. (Bundesverband Informationswissenschaft, Telekommunikation und neue Medien e. V.) Berlin, http://www.bitkom.org/files/documents/Leitfaden_Server-irtualisierung_Teil_4(1).pdf, 22.12.2009.

BITKOM (2012a): Leitfaden Desktop-Virtualisierung. (Bundesverband Informationswissenschaft, Telekommunikation und neue Medien e. V.) Berlin, http://www.bitkom.org/files/documents/LF_Desktop-Virtualisierung_l_10.08.2012.pdf, 10.8.2012.

BITKOM (2012b): Leitfaden Speichervirtualisierung. (Bundesverband Informationswissenschaft, Telekommunikation und neue Medien e. V.) Berlin, http://www.bitkom.org/files/documents/Leitfaden_Speichervirtualisierung.pdf, 19.11.2012.

BODDENBERG , Ulrich B. (2009): Konzepte und Lösungen für Microsoft-Netzwerke. (Galileo Press) Bonn.

BRAUN, Jörg (2008): VMWare Workstation und Player. In: THORNS, Fabian (Hrsg.): Das Virtualisierungs-Buch. (C&L Computer und Literaturverlag) Böblingen, 257-386.

BREITER, Andreas (2001): IT-Management an Schulen. (Hermann Luchterhand Verlag) Neuwied & Kriftel.

BRENDEL, Jens-Christopher (2008): Thin Clients: Pro und Contra. In: Linux Magazin Technical Review, 2008(6), S. 6-11.

BUHL , Ulrich & WINTER , Robert (2009): Vollvirtualisierung – Beitrag der Wirtschaftsinformatik zu einer Vision. In: Wirtschaftsinformatik, 51(2), S. 157-160.

BUYTAERT, Kris, DITTNER, Rogier, GARCIA, Juan R., GROTENHUIS, Twan, HART, David E., JONES, Andy, MAJORS, Kenneth, MULLER, Al, PAYNE, David, PRIES, Jeremy, ROSEN, Rami, RULE, David Jr., SUMMITT, Paul, TEN SELDAM, Matthijs & WILLIAMS, David E. (2007): The Best Damn Server Virtualization Book Period. (Syngress) Burlington, Mass.

CITRIX SYSTEMS (2011): Now and in the Future: Meeting Higher Education IT-Challenges. (Citrix Systems Inc.) Santa Clara, http://deliver.citrix.com/ AMWB0911XDHEDWP.html, September 2011.

CITRIX SYSTEMS (2012): Citrix VDI-in-a-Box. (Citrix Systems Inc.) Santa Clara, http://www.citrix.com/content/dam/citrix/en_us/documents/products/viab-product-overview.pdf, Stand: Dezember 2012.

CITRIX SYSTEMS (2013a): Lizenzierung von XenClient. (Citrix Systems Inc.) Santa Clara, http://www.citrix.de/products/xenclient/how-it-works/licensing.html, Stand: 16.02.2013.

CITRIX SYSTEMS (2013b): Lizenzierung von XenServer. (Citrix Systems Inc.) Santa Clara, http://www.citrix.de/products/xenserver/features/editions.html, Stand: 16.02.2013.

CITRIX SYSTEMS (2013c): VDI-In-A-Box. (Citrix Systems Inc.) Santa Clara, http://store.citrix.com/store/citrixus/en_US/pd/ThemeID.9505600/productID.248047600, Stand: 04.03.2013.

DIEDRICH, Oliver (2009): Sun Virtual Desktop Infrastructure 3. (Heise Zeitschriften Verlag), Hannover , http://heise.de/-208961, 24.03.2009.

DONAUER, Jürgen & JÄGER, Moritz (2011): Oracle VM VirtualBox – der Open-Source-Hypervisor im Test. In: ECKERT, Michael (Hrsg.): Ratgeber Virtualisierung und Cloud Computing. (IDG Business Media) München, 48-54.

FISCHER, Marcus (2009): Xen. (Galileo Press) Bonn.

GARTNER RESEARCH (2013): Magic Quadrants. (Gartner Inc.) Stamford, http://www.gartner.com/technology/research/methodologies/research_mq.jsp, Stand: 27.02.2013.

GROLL, Thorsten (2009): 1x1 des Lizenzmanagements. (Hanser) München.

HÖLZLWIMMER, Christoph (2010): Virtualisierung von Schulnetzwerken mit VMWare. In: Pongratz, Horst (Hrsg.): Prozessorientierte Wirtschaftsdidaktik und Einsatz von ERP-Systemen im kaufmännischen Unterricht. (Shaker Verl.) Aachen, 223–236.

HÜLSENBUSCH, Ralph (2010): Sun Virtual Desktop Infrastructure 3. (Heise Zeitschriften Verlag) Hannover, http://heise.de/-1058730, 14.09.2010.

IBM GLOBAL EDUCATION (2007): Virtualization in Education. (IBM Corporation) Armonk, http://www-07.ibm.com/solutions/in/education/download/Virtualization in Education.pdf, 1.11.2007.

JÄGER, Moritz (2011): Windows 7: Zusatzfunktionen und Virtualisierung. In: ECKERT, Michael (Hrsg.): Ratgeber Virtualisierung und Cloud Computing. (IDG Business Media) München, 155-160.

JOOS, Thomas (2011): Hyper-V – Datensicherung von virtuellen Servern in der Praxis. In: ECKERT, Michael (Hrsg.): Ratgeber Virtualisierung und Cloud Computing. (IDG Business Media) München, 98-103.

KOFLER, Michael (2013): Linux 2013. (Addison-Wesley) München.

KOFLER, Michael & SPENNEBERG, Ralf (2012): KVM für die Server-Virtualisierung. (Addison-Wesley) München.

LARISCH, Dirk (2009a): VMWare Server 2. (Hanser) München.

LARISCH, Dirk (2009b): Praxishandbuch Microsoft Hyper-V. (Hanser) München.

JEHMANN, Chris & LIVINGSTON, Pamela (2011): One-to-One Computing. In: MCLEOAD, Scott (Hrsg.) & Lehmann, Chris (Hrsg.): What School Leaders Need to Know about Digital Technologies and Social Media. (Jossey Bass) San Francisco, 75-82.

LÜDEMANN, Nico (2011): Citrix XenApp 6 und XenDesktop 5. (Galileo Press) Bonn.

LIEBISCH, Daniel (2010): Desktop-Virtualisierung. In: LAMPE, Frank (Hrsg.): Green-IT, Virtualisierung und Thin Clients. (Vieweg + Teuber) Wiesbaden, 71-89.

METZGER, Christian, REITZ, Thorsten & VILLAR, JUAN (2011): Cloud Computing. (Hanser) München.

MICROSOFT (2010): VDI TCO Analysis for Office Worker Environments. (Microsoft Corporation) Redmond, http://www.microsoft.com/en-us/download/confirmation.aspx?id=25114, 5.10.2010.

O'GARA, Maureen (2012): Citrix Buys VDI-in-a-Box Start-up. (Cloud Computing Journal) Woodcliff Lake, http://cloudcomputing.sys-con.com/node/1847716, Stand: 16.02.2013.

ORACLE (2013a): Oracle VM VirtualBox Enterprise. (Oracle Corporation) Redwood Shores, https://shop.oracle.com/pls/ostore/f?p=dstore:product:80692211888801::NO:RP,6:P6_LPI,P6_PROD_HIER_ID:11434764010249213751343 2,4510278280861805728469&tz=-6:00, Stand: 16.02.2013.

ORACLE (2013b): Oracle Virtual Desktop Infrastructure. (Oracle Corporation) Redwood Shores, https://shop.oracle.com/pls/ostore/f?p=dstore:product: 105535382451301::NO:RP,6:P6_LPI:116971161169511399925325, Stand: 16.02.2013.

PICHT, JOACHIM (2009): Xen-Kochbuch. (O'Reilly) Beijing, Cambridge, Farnham, Köln, Sebastopol, Taipei & Tokyo.

QUACK, Karin (2012): Terminal-Server oder Virtual Desktop? (IDG Business Media) München, http://www.cowo.de/a/1234874, 07.05.2012.

RADONIC, Andrej (2011a): Kostenlose Virtualisierungslösungen im Vergleich. In: ECKERT, Michael (Hrsg.): Ratgeber Virtualisierung und Cloud Computing. (IDG Business Media) München, 83-89.

RADONIC, Andrej (2011b): Citrix XenClient im Test. In: ECKERT, Michael (Hrsg.): Ratgeber Virtualisierung und Cloud Computing. (IDG Business Media) München, 41-47.

RUNGE, Roland, STURM, Christian, WIßKIRCHEN, Stefan, EBEL, Nadin, GROH, Joachim, HÖLLER, Oliver & MEWES, Carsten (2009): VMWare Infrastructure 3 im Business Umfeld. (Addison-Wesley) München, Boston, San Francisco, Harlow, Don Mills, Sydney, Mexico City, Madrid & Amsterdam.

SAVILL, John (2012): Microsoft Virtualization Secrets. (Wiley) Indianapolis, Ind.

SOMMERGUT, WOLFGANG (2011): Server-Virtualisierung. In: ECKERT, Michael (Hrsg.): Ratgeber Virtualisierung und Cloud Computing. (IDG Business Media) München, 68-77.

SOMMERGUT, Wolfgang (2012): Gartner-Quadrant zu x86-Virtualisierung: VMWare weiter führend. (WindowsPro) München, http://www.windowspro.de/news/gartner-quadrant-zu-x86-virtualisierung-vmware-weiter-fuehrend/01229.html, 20.06.2012.

STRACHEY, Christopher (1959): Time Sharing In Large Fast Computers. In: Proceedings of the International Conference on Information Processing, UNESCO (15. - 20. Juni 1959), Paris, Frankreich, 336-341.

VMWARE (2013a): VMware Workstation 9. (VMware Inc.) Palo Alto, http://store.vmware.com/store/vmwde/de_DE/buy/productID.166452200, Stand: 16.02.2013.

VMWARE (2013b): VMware View 5 Enterprise Bundle: Starter Kit. (VMware Inc.) Palo Alto, http://store.vmware.com/store/vmwde/de_DE/buy/productID.168771400, Stand: 16.02.2013.

VMWARE (2013c): VMware vSphere - Preise. (VMware Inc.) Palo Alto, http://www.vmware.com/de/products/datacenter-virtualization/vsphere/pricing.html, Stand: 16.02.2013.

VMWARE (2013d): Desktop Education Solutions. (VMware Inc.) Palo Alto, http://www.vmware.com/solutions/education/desktop/who.html, Stand: 16.02.2013.

WÖHRMANN, Betram (2011): Virtualisierungs-Grundlagen. In: ECKERT, Michael (Hrsg.): Ratgeber Virtualisierung und Cloud Computing. (IDG Business Media) München, 15-23.

ZIMMER, Dennis, WÖHRMANN, Bertram, SCHÄFER, Carsten, BAUMGART, Günter, ALDER, Urs Stephan, KÜGOW, Oliver & BRUNNER, Marcel (2012): VMWare vSphere 5. (Galileo Press) Bonn.

ZIMMER, Dennis (2005): VMWare & Microsoft Virtual Server. (Galileo Press) Bonn.

Abbildungsverzeichnis

Tabellenverzeichnis

Abkürzungsverzeichnis

DFTZ: Didaktisches Forschungs- und Transferzentrum

PCoIP: PC over IP

PS: Personenstunde

SAN: Storage Area Network

SCSI: Small Computer System Interface

USt: Umsatzsteuer

VDI: Virtuelle Desktop-Infrastruktur

VIP: Virtual IP address

VLAN: Virtual Local Area Network

VM: Virtuelle Maschine

VPN: Virtual Private Network